Lene Mayer-Skumanz
Fabian geht zur Erstkommunion

Lene Mayer-Skumanz

Fabian geht zur Erstkommunion

Geschichten rund um das große Fest

Mit Bildern von Heribert Schulmeyer

PATMOS

Berücksichtigt die neue Rechtschreibung

Die Deutsche Bibliothek – CIP-Einheitsaufnahme

Mayer-Skumanz, Lene:
Fabian geht zur Erstkommunion:
Geschichten rund um das große Fest / Lene Mayer-Skumanz.
Mit Bildern von Heribert Schulmeyer. – 1. Aufl. – Düsseldorf:
Patmos, 1998
ISBN 3-491-79497-8

© 1998 Patmos Verlag Düsseldorf
Alle Rechte vorbehalten
1. Auflage 1998
Umschlaglitho: HRP, Essen
Innenlitho: RCL, Düsseldorf
Satz: Fotosatz Moers, Mönchengladbach
Druck und Verarbeitung: Lengericher Handelsdruckerei, Lengerich
ISBN 3-491-79497-8

Inhalt

Anna und Fabian

»Nehmen wir die Anna in die Schulmesse mit?«, fragt Fabian in aller Früh.

»JAAA!«, schreit Anna.

»Vielleicht doch nicht«, sagt die Mama. »Ich hab mir gedacht, wir begleiten dich bis zur Kirchentür – und ich sage deiner Lehrerin und den anderen Müttern schnell guten Tag … Aber die ganze Schulmesse – man kann von der Anna nicht verlangen, dass sie eine Stunde lang ruhig ist. Bedenkt, sie ist ja noch nicht einmal zwei Jahre alt.«

»Will mitgehn!«, schreit Anna.

»Wir sollten sie langsam an die Kirche gewöhnen«, meint der Papa. »Bis zur Erstkommunion vom Fabian – das sind von nun an, wartet mal, noch ungefähr sieben Monate – also bis dahin muss sie eine Messe durchhalten können!«

»Gut«, sagt die Mama zum Papa. »Möchtest dann *du* mit der Anna zu Fabians Schulmesse gehen?«

»Tut mir leid«, murmelt der Papa. »Das hätte ich mir früher einteilen sollen. Ich muss ins Büro, hab um halb neun eine Besprechung.« Sehr schnell trinkt er seinen Kaffee und verabschiedet sich.

Die Mama zieht Anna einen frischen Pulli und frische Hosen an. Anna sieht, dass Fabian seine dunkelblauen Hosen und das neue hellblaue Hemd trägt. Und dazu eine kleine Samtmasche, die »Fliege« heißt, was Anna sehr gefällt. Diese Masche hat Opa Mario dem Fabian extra für den Beginn des zweiten Schuljahres geschenkt. »Will auch eine Fliege!«, ruft sie.

»Wir haben keine«, sagt die Mama. »Du brauchst auch kei-

ne, du bist ein Mädchen. Fliegen und Schlipse sind was Ungemütliches für Jungen und Männer, weißt du ...«
Annas Gesicht wird dunkelrot, die ersten Tränen glitzern. Sie kollern nicht langsam über die runden Anna-Wangen, nein, es sind Zornestränen, sie spritzen von den Wimpern. »Fliege will ich!«
»Ich binde dir eine Schleife ins Haar«, bietet die Mama an.
»Nein. Fliege um den Hals!!!«
Fabian schielt nach der Uhr. Sie sind schon spät dran! Er bindet seine Samtmasche los und knüpft sie vorsichtig um Annas Hals. Die Tränen versiegen augenblicklich. »Und jetzt hopp-hopp!«

Im Laufschritt erreichen sie die Katharinenkirche. Vor dem Tor stehen Tina und Till und schauen nach Fabian aus. »Schnell, sie singen schon!«
Die Mama trägt Annas Buggy über die Stufen und sucht sich hinten in der Kirche einen Platz. Aber Anna möchte nach vorne. »Will Fabian sehen! Und Till! Und Ti-i-ill!«
Till grinst und stößt Fabian in die Rippen. »Hörst du?«
Fabian seufzt. »Wir müssen sie an Kirche gewöhnen, verstehst du?
»Klar verstehe ich.« Till dreht sich um und winkt Anna. Die sitzt nun ganz zufrieden und still in ihrem Buggy, in der Nähe der dritten Bankreihe, in der Fabian und seine Freunde sich drängen.
»Deine Mama guckt nervös«, sagt Till zu Fabian.
»Ja ... Sie muss sich auch erst gewöhnen, an Kirche mit Anna.«
Der Priester begrüßt Kinder, Eltern und Lehrerinnen. Besonders begrüßt er die Kinder der zweiten Klassen.

»Heuer ist ein besonderes Jahr für euch. Das Jahr der Erstkommunion. Ich wünsche euch viel Freude bei der Vorbereitung. Vergesst nicht, euch für den Kommunionkurs anzumelden… Und, ja, damit ich's auch hier sage: Wir suchen noch eine Tischmutter für unseren Kurs. Es kann natürlich auch ein Tischvater sein. Fragt doch einmal zu Hause nach! So, und jetzt singen wir alle recht kräftig: Gott, du hast uns eingeladen…«

Alle singen kräftig mit, auch Anna. Fabian hört sie deutlich. Weil Anna das Lied von Gott und seiner Einladung nicht kennt, singt sie »Alle meine Entlein«. Tina kichert.

Das Singen gefällt Anna. Weniger gefällt ihr, dass der Priester so lange redet. »Quatschkopf, der!«, brummt sie, so wie es der Papa immer brummt, wenn im Fernsehen ein wichtiger Mann etwas erzählt, was der Papa nicht hören mag.

Die Mama will Anna ablenken. Sie nimmt Anna auf den Arm und deutet auf die brennenden Kerzen und Blumen auf dem Altartisch. Sie geht zum Weihwasserbrunnen und lässt Anna die Finger eintauchen und Kreuzzeichen üben. Sie zeigt Anna die Bilder an den Wänden. Anna schaut mit großen Augen. »Oh, oh, da, da!«

Fabian schielt nach hinten. Was beeindruckt Anna so sehr? Es ist das Bild mit der Mutter Maria. Sterne schweben über ihrem Kopf. Sie steht auf der Erdkugel, eine Schlange windet sich um die Erde. Anna kennt sich mit Tieren schon gut aus. »Schlange auf dem Kürbis da oben!«

Die Kinder in der Kirche lachen. Die Mama trägt Anna wieder nach hinten zum Weihwasserbrunnen. Fabian hört es platschen und plätschern. Gott sei Dank, das nächste Lied!

Vom Altar her klingt das Glockenzeichen. Der Priester hebt die Schale mit dem Brot und den goldenen Becher mit Wein. Annas Stimme durchdringt die feierliche Stille: »Glock noch einmal! Glock noch einmal!« Anna liebt Glocken. Fabian spürt, wie ihm heiß wird. Zum Glück spielt die Orgel nun eine sanfte Melodie.

Die Kinder der dritten und vierten Klassen gehen zum Altar, machen aus ihren Händen eine kleine Schale und empfangen das heilige Brot. Till dreht sich um und späht nach hinten. »Keine Angst«, flüstert er Fabian zu. »Deine

Mama lässt die Anna auf den Schultern reiten und zeigt ihr den Seitenaltar.«

Anna ist begeistert. Ihre Augen haben sich an das Licht in der Kirche gewöhnt. Sie sieht die goldenen Wolken und die kleinen Engel mit den Geigen und Posaunen in den Händen. Sie sieht im goldenen Strahlenkranz ein Wesen mit ausgebreiteten Flügeln –

»Batman!«, kreischt Anna. »Batman!«

Alle Köpfe rucken nach hinten. Alle Augen suchen die Kirche nach Batman ab. »Sie meint die Taube dort oben«, sagt Tina. »Den Heiligen Geist.«

Getuschel und Lachen. Fabian möchte am liebsten im Boden versinken.

»Du wirst ihr mit der Zeit alles erklären«, flüstert eine Stimme in Fabians Ohr. Es ist Frau Jansen, seine Lehrerin. Freundlich lächelnd geht sie die Bankreihen entlang, legt den Finger auf die Lippen.

Na schön, er wird Anna alles erklären – aber –

Fabian denkt nach und entdeckt, dass er selber kaum etwas weiß. Wer ist der Heilige Geist, und warum fliegt er wie eine Taube unter den Wolken? Was soll die Schlange auf der Erdkugel? Wer sind die goldenen Gestalten auf den Säulen? Wozu ist der Weihwasserbrunnen gut? Und soll man der Anna überhaupt die traurigen Steinfiguren in der linken Kapelle zeigen, die Mutter Maria, die ihren toten Sohn im Schoß hält?

Fabian war schon öfters in der Katharinenkirche, aber nun sieht er sie mit neuen Augen. Mit Annas Augen. Viele Fragen sausen in seinem Kopf herum.

Wer wird sie ihm beantworten?

Opa Mario und der gute Gedanke

Am Nachmittag geht Fabian zu Oma und Opa Mario in den vierten Stock hinauf. Er erzählt ihnen, dass die Mama nach der Schulmesse ganz schnell mit der Anna abgehauen ist und ihn noch *nicht* für den Kommunionkurs angemeldet hat. Und dass die in der Pfarre noch eine Tischmutter suchen. Einen Tischvater nehmen sie auch.

»Der Papa mag nicht, ich hab ihn schon angerufen«, sagt Fabian. »Die Mama kann nicht, wegen der Anna. Vielleicht nehmen sie aber eine Tisch-Oma. Wäre das was für dich, Oma?«

»Nein«, sagt die Oma müde. Sie ist gerade aus ihrer Schule heimgekommen, in der sie behinderte Kinder unterrichtet. »Nein. Heuer auf keinen Fall. Ich habe zwei neue Kinder in meiner Klasse, für die ich eigene Lernprogramme entwerfen muss. Ich habe keine Zeit.«

»Und du, Opa Mario?«, fragt Fabian. »Vielleicht nehmen sie auch einen Tisch-Opa. Am Nachmittag hättest du Zeit – bevor du in die Pizzeria gehst!«

»Was macht ein Tisch-Opa?«, fragt Opa Mario neugierig.

»Er bereitet die Kinder auf die Erstkommunion vor«, sagt die Oma mit einem heimlichen Funkeln in den Augen. »Er erzählt von Gott und seinem Sohn Jesus und erklärt, was in einer Messfeier geschieht.«

»Mamma mia!«, stöhnt Opa Mario. »Ich kann kein Tisch-Opa sein. Ich habe doch keine Ahnung … ich meine, leider weiß ich zu wenig von diesen Dingen …«

»Ja, *leider*!«, betont die Oma.

»Ich stelle mir das aber super vor – dich als Tisch-Opa«,

12

murmelt Fabian. »Und wir könnten nachher immer über das reden, was ich nicht verstanden habe.«

Opa Mario schüttelt den Kopf. »Die hätten keine Freude mit mir als Tisch-Opa. Aber ich verspreche dir, dass ich immer Zeit haben werde, wenn du über etwas reden willst.«

»Gut«, sagt Fabian. »Dann erklär mir den Unterschied zwischen Batman und dem Heiligen Geist! Aber so, dass ich's der Anna weiter erklären kann!«

»Wer ist Batman?«, schnauft Opa Mario und erfährt von Fabian, dass Batman in Comicgeschichten und Filmen vorkommt und auch als Plastikfigur in Spielwarengeschäften. Er hat Flügel und kämpft gegen finstere Bösewichter.

»Ach so, der...«, sagt Opa Mario. »Der ist ein erfundener Held. Der Heilige Geist hingegen, also das ist – der Heilige Geist eben, Gottes Geist, der den Menschen begeistert.«

»Wie sieht er aus, Opa?«

»Geist kann man nicht sehen, Fabian.«

»Aber in der Kirche haben sie ihn als Taube, mit goldenen Flügeln und Strahlen rundherum – und die Anna hat ›Batman‹ geschrien!«

»Capito«, murmelt Opa Mario. »Also, Fabian, das Problem liegt darin, dass die Menschen immer was sehen wollen. Oder auch etwas hören und spüren, damit sie wissen: Aha, das gibt es. – Gib Acht, wir machen jetzt einen Versuch.«

Fabian lehnt sich gespannt vor. »Einen Versuch?«

»Ich zähle bis drei, dann schick ich dir einen guten Gedanken«, sagt Opa Mario. »Eins - zwei - drei -« Opa Mario klapp den Mund zu, er schließt die Augen, seine dichten grauen Augenbrauen sträuben sich. Seine Brust hebt und senkt sich in tiefen Atemzügen. Fabian wartet, er hört die Küchenuhr ticken. Auch die Oma wartet still.

Opa Mario öffnet die Augen wieder. »Na?«

»Was – na?«

»Hast du ihn gesehen, meinen guten Gedanken?«

»N-nein.«

»Oder gehört? Oder auf deiner Haut gespürt?«

»Nicht auf der Haut«, sagt Fabian. »Eher da drinnen.« Er stupst den Zeigefinger auf seine Brust.

Opa Mario schaut erstaunt drein. »Da drin hast du was gespürt?«

»Ich hab gewusst, nun denkst du ganz fest an mich, und es ist mir da drin warm geworden, und es hat ein bisschen gekribbelt«, sagt Fabian.

»Aber außen hast du nichts gesehen oder gemerkt? Es ist nichts durch die Luft gesaust und hat mit bunten Flügeln geschlagen oder so?«

»Nein, Opa Mario.«

»Gute Gedanken von Menschen sind genauso unsichtbar wie der gute Geist Gottes«, sagt der Opa. »Aber dass ein Mensch einem anderen überhaupt gute Gedanken schicken kann, das macht die Kraft des Geistes. Die Geisteskraft ist schnell und kann wie auf Flügeln überall hin. Darum haben sich die Menschen früherer Zeiten die göttliche Geisteskraft wie einen Vogel vorgestellt. Vielleicht wie eine Vogelmutter, die ihre Flügel über dem Nest mit den Jungen ausbreitet und sie beschützt. – Oma, hast du nicht ein Buch mit diesen biblischen Geschichten in deinem Schrank? Da muss doch was drinstehen über den Heiligen Geist?«

Die Oma geht an den Bücherschrank und holt eine Bibel hervor. Sie blättert darin, schlägt eine Seite auf und reicht sie Opa Mario. »Es ist aber keine extra für Kinder erzählte Bibel, Mario.«

»Macht nichts, ich erzähle die Geschichte auf meine Art.« Opa Mario liest, holt tief Atem und sagt: »Also, Fabian, hier steht geschrieben, was Jesus bei seiner Taufe erlebt hat. Sie haben ihn nicht als Baby getauft, sondern als Erwachsenen. Es war am Fluss Jordan in Israel. Johannes der Täufer, das war ein Bote Gottes, ein Prophet, der ist am Ufer gestanden und hat den Leuten gut zugeredet und gesagt: Gott wäscht das Böse von euch ab, wenn ihr ihn darum bittet. Als Zeichen dafür gieße ich Wasser über euch und tauche euch in den Fluss …«

»Den Johannes, den kenne ich«, sagt Fabian. »Das war der

mit den guten Früchten … Er hat gesagt: Ihr sollt wie Bäume sein, die gute Früchte tragen.«

Opa Mario blättert hin und her. »Stimmt, der war das!«, sagt er dann. »Und jetzt hör, wie Jesus zu ihm an den Fluss gekommen ist. Ich will auch getauft werden, hat Jesus gesagt. Johannes hat die Augen aufgerissen. Was, ausgerechnet du? An dir ist nichts Böses, wär doch gescheiter, wenn du mich taufst … Lass es nur geschehen, hat Jesus gesagt und ist in den Fluss gestiegen. Er wollte keine Ausnahme, verstehst du. Johannes hat ihn kurz ins Wasser getaucht, und als Jesus wieder aus den Wellen hervorkam, hat er ein besonderes Erlebnis gehabt. Er hat gespürt, dass Gott ihm ganz nahe ist. So als würde sich die göttliche Kraft aus dem Himmel auf ihn herabstürzen wie eine Taube. Nicht in der Gestalt einer Taube, sondern *wie* eine Taube. Du weißt doch, Fabian, wie schnell und schön so ein Vogel im Sturzflug herabsausen kann.«

Fabian nickt.

»In alten Zeiten, als die Menschen sich Gott in den Gestalten vieler verschiedener Götter vorstellten, haben sie gemeint, dass Vögel die Boten der Götter sein könnten«, sagt die Oma. »So ist es gekommen, dass die Taube ein Zeichen für Gottes Geist geworden ist. Ein Sinnbild. Später haben die Apostel noch andere Zeichen für den Geist gefunden: *wie* Feuer, *wie* ein großer Sturm …«

Fabian erinnert sich, wie Opa Marios Brust beim Gut-Denken auf- und niedergegangen ist. »Wie Atmen«, sagt er. »Atmen ist auch ein Zeichen, glaube ich …«

16

In der Lese-Ecke

Seit es in der 2a eine Lese-Ecke gibt, geht Fabian noch lieber in die Schule. Jeder, der mit dem Schreiben und Rechnen fertig ist, darf in diesen bunten Winkel schleichen. Auf Zehenspitzen, um die anderen nicht zu stören, die noch arbeiten. Fabian legt sich auf eine Matratze, nimmt ein Bilderbuch aus dem Regal und liest. Oder er macht die Augen zu und träumt. Oder er rollt sich nur still neben Tina und schaut ihr beim Lesen zu. Wenn Tina eine spannende Stelle liest, schiebt sie die Zungenspitze zwischen die Lippen und schnaubt ganz zart durch die Nase.
Die Lehrerin, Frau Jansen, und Tills Mama haben die Matratzen mit lustigen Stoffen überzogen. Die anderen Mütter haben Polster gebracht. Fabian schiebt sich statt

eines Polsters meistens ein Stofftier in den Nacken, Tinas weißen Bären zum Beispiel oder Tills Riesenhasen. Diese beiden Kuscheltiere sind in der ersten Klasse auf dem leeren Platz neben Fabian gesessen, aber nun ist kein Stuhl mehr für sie frei, sie bewohnen die Lese-Ecke, und neben Fabian sitzt der Neue in der Klasse.

Kenan heißt er und ist Türke wie Fabians älterer Freund Ahmed, dessen Mutter in Opa Marios Pizzeria beschäftigt ist. Und wie Ahmed ist Kenan ein Muslim. Seine Religion ist der Islam, seine Familie feiert andere Feste als die christlichen Familien. Wurstbrot isst Kenan nicht, weil in der Wurst Schweinefleisch drin ist, das dürfen Muslime nicht essen. Aber er hat Fabian schon einmal ein Stück Honigkuchen in die Schule mitgebracht.

Er ist ein fröhlicher Junge. Nur am Schulanfang war er von der Lehrerin enttäuscht. »Wie die rangeht!«, hat er gebrummt. »Sollen wir uns von einer Frau herumkommandieren lassen?« Ein Lehrer wäre ihm und seinem Papa lieber gewesen. Frau Jansen hat Kenans Eltern schon in der dritten Septemberwoche zu sich in die Schule bestellt und ihnen erklärt, dass man hier in Deutschland auf eine Lehrerin genauso hört wie auf einen Lehrer! Kenans Mama mit dem streng gebundenen Kopftuch hat recht zufrieden dreingeschaut, aber Kenans Papa hat geseufzt …

Fabian klappt das Mathematikbuch zu und geht in die Lese-Ecke. Tina kommt ihm nach, die ist auch eine flinke Rechnerin. Und dann Gabriel.

Und als Vierter Kenan.

Tina öffnet ein Bilderbuch an der Stelle, wo sie ein Lesezeichen eingelegt hat, und flüstert Fabian zu: »Haben sie

dich nun endlich angemeldet für den Kommunionkurs?«
»Noch nicht«, sagt Fabian. »Weil die Mama immer haben will, dass der Papa auch was tut…«
»Schau, dass du zur Gruppe Gerti kommst, dann sind wir wieder beisammen, du und Till und ich«, sagt Tina. »Gerti wird unsere Tischmutter sein, sie ist ganz neu, hat meine Mama gehört, und recht lieb…«
»Sie wird euch lauter Blödsinn erzählen«, murmelt Gabriel.
Fabian und Tina starren Gabriel an.
»Wieso Blödsinn?«, fragt Kenan. »Kennst du diese Gerti vielleicht?«
»Nein«, wispert Gabriel mit einem vorsichtigen Blick zur Lehrerin hin. »Aber als Tischmutter kann sie nur Blödsinn erzählen. Weil sie über Gott reden muss. Und Gott gibt es nicht.«
Kenan reißt die Augen auf. »*Du* redest Blödsinn!«
»Gott gibt es nicht«, flüstert Gabriel heiser. »Er ist eine Erfindung. Das hat mir mein Papa gesagt. Darum geh ich auch nicht in den Religionsunterricht. Wenn ihr Blöden was über Gott lernt, hab ich frei. Und wenn ihr Blöden im Kommunionkurs hockt, spiele ich Fußball in meinem Klub. Ich hab's viel schöner als ihr.«
»Dein Papa irrt sich«, sagt Tina. »Es gibt Gott, denn er hat die Welt erschaffen, und die Welt gibt es, oder?«
Gabriel runzelt die Stirn. »Die Welt ist von allein geworden, mit einem großen Rumms, aus irgendwelchem Sternenstaub… Und mein Papa sagt, wenn es Gott gäbe, würde er die Bomben und Kriege und Erdbeben abschaffen. Die gibt es aber, oder?«
»Trotzdem!«, flüstert Tina schon ein bisschen lauter.

»Gott gibt es, zu wem sollte man sonst beten?«

»Beten ist Blödsinn«, sagt Gabriel.

»Halt den Mund!«, sagt Kenan. »Du beleidigst uns!«

»Wieso dich?«, fragt Gabriel. »Ich rede mit diesen beiden blöden Christen da, mit dem Fabian und mit der Tina, mit den Kommunionkurs-Blödsinn-Kindern…«

»Die Christen und wir glauben an denselben Gott«, sagt Kenan. »Und wenn du mich blöd nennst, kriegst du eins auf die Nase!«

»Pscht in der Lese-Ecke!«, ruft Frau Jansen. »Was haben wir ausgemacht? Dass in der Lese-Ecke nicht geplaudert wird!«

»Urblöder Muslim-Blödmann!«, zischt Gabriel.

Kenan holt aus und gibt Gabriel eine schallende Ohrfeige. Gabriel stößt die Beine gegen Kenans Bauch. Und schon rollt ein Knäuel aus wild schlagenden Armen und Beinen von der bunten Matratze.

»Sofort aufhören!«, ruft Frau Jansen. Sie springt herbei und reißt die Kämpfer auseinander. »Was glaubt ihr denn?! Schnell auf eure Plätze!«

Gabriel wischt sich die Nase und grinst. »Der Kenan hält die Wahrheit nicht aus −«

»Er hat mich und Fabian und Tina beleidigt«, sagt Kenan. »Er sagt, es gibt keinen Gott.«

»Es gibt auch keinen!«, brüllt Gabriel mit rotem Gesicht. »Oder willst du sagen, dass mein Papa lügt?«

»Er lügt!«

Die Lehrerin zerrt Kenan an seinen Platz zurück. Fabian und Tina halten Gabriel fest.

»Hört mir in Ruhe zu«, sagt die Lehrerin. »Ohne zu schlagen und ohne zu raufen. Worüber ihr euch aufregt, ist ein ganz großes Problem. Gibt es Gott oder gibt es ihn nicht? In unserem Land darf jeder Mensch glauben, was ihm sein Gewissen vorschreibt. Es gibt Menschen, die an Gott glauben können – zu denen gehöre beispielsweise ich –, und es gibt Menschen, die an Gott nicht glauben. Zu denen gehören zum Beispiel Gabriels Eltern. Darum haben sie ihren Sohn vom Religionsunterricht abgemeldet. Wenn Gabriel älter ist und viel nachgedacht hat, wird er eines Tages selber entscheiden, ob er an Gott glauben will oder nicht. Aber kein Mensch darf einen anderen zum Glauben zwingen. Keiner darf den anderen beschimpfen, weil er glaubt oder nicht glaubt. In der Welt hat es schon viel Streit und Krieg gegeben, weil die Menschen sich nicht an diese Regel gehalten haben. In *meiner* Klasse soll Frieden herrschen, verstanden?! So – und jetzt teilt die Tina die Zeichenblätter aus. Ich wünsche mir ein Bild von der Sonne, wie sie auf einen herbstlichen Garten scheint.«

Murrend setzt sich Gabriel auf seinen Stuhl.

Auch Fabian geht an seinen Platz zurück. Kenan rümpft die Nase und wendet sich ab.

»Was ist?«, fragt Fabian leise.

»Du bist ein Feigling«, zischt Kenan. »Du lässt deine Religion beleidigen und sagst kein Wort.«

»Weil mir in der Geschwindigkeit keine gute Antwort eingefallen ist«, sagt Fabian unglücklich. »Weil ich mich gewundert hab, warum der Gabriel auf einmal so bös ist. Früher, in der ersten Klasse, war er das nicht…«

Till dreht sich um und tut so, als borge er sich von Fabian einen Buntstift aus. »Der Gabriel«, flüstert er, »der Gabriel ist nicht bös. Er ist nur neidisch.«

Kenan rückt wieder näher. »Neidisch, worauf?«

»Na, auf den Kurs und das alles… Dass wir einen Gott haben dürfen und er nicht…«

Kenan runzelt die Stirn in dicke Falten wie ein nachdenklicher Dackel. Dann sagt er: »Wir sollten uns miteinander verbünden und den Gabriel bekehren!«

»Aber du hast doch gehört, was die Frau Jansen meint«, sagt Till. »Jeder darf glauben, was er –«

»Jaja, aber wir können doch *werben*?«, überlegt Kenan. »Wie die im Fernsehen für Fischstäbchen? Die *muss* auch keiner essen, aber beim Hinschauen kriegt man Appetit…«

Fabian wiegt den Kopf hin und her. »Erst müssen wir ihm erklären, warum Gott die Erdbeben nicht abschafft… Könnt ihr das?«

Ein Abend mit der Oma

Fabian ist mit seiner Mama in das Pfarrhaus neben der Katharinenkirche gegangen. Dort, im Büro, hat die Mama Fabians Taufurkunde hergezeigt und Fabian für den Kommunionkurs angemeldet.

»Ich nehme aber nur die Gruppe mit der Gerti«, hat Fabian zur grauhaarigen Frau am Schreibtisch gesagt. »Weil dort meine Freunde sind, der Till und die Tina.«

»Auch der Martin aus deiner Klasse«, hat die Frau geantwortet. »Und der Jakob und die Gina aus der 2c, kennst du die?«

»Von weitem… Die Gina hat ungefähr eintausend Sommersprossen.«

»Oh, dann hast du sie doch schon aus der Nähe gesehen.«

»In der Pausenhalle. Wenn wir uns die Schulmilch holen.«

»Ihr werdet eine fröhliche Gruppe sein, Fabian. Die Frau Gerti freut sich schon auf euch.«

»Aha«, hat Fabian gesagt. »Wird sie uns erklären, warum Gott die Erdbeben und Bomben nicht abschafft?«

»Äh – wie bitte?«

»Wir möchten das so gerne wissen, der Till und ich.«

»Ich – oh – also, ihr könnt die Gerti alles fragen, dazu ist sie da.« Die Frau am Schreibtisch hat die Mama lange angeschaut und gemurmelt: »Ich weiß nicht, ob ich mit der Gerti tauschen möchte… Die Kurse werden von Jahr zu Jahr schwieriger. Wir kriegen Kinder, die das Kreuzzeichen nicht machen können… Aber nun, bitte – hier ist die Einladung zum ersten Elternabend. Wir freuen uns, wenn wirklich beide Elternteile kommen. Es wäre wichtig für uns in der Pfarre und für Sie zu Hause.«

»Wenn wir einen Babysitter auftreiben, kommen wir zu zweit«, hat die Mama versprochen.

»Aber, Mama, du musst doch nur die Oma bitten –!«

Die Oma hält Anna auf dem Schoß. Anna kann kaum noch sitzen, so müde ist sie, aber ins Bett will sie nicht, solange Fabian munter ist. Fabian spielt mit der Oma Memory.

»Gern ist der Papa nicht hingegangen«, erzählt er, während er zwei rote Luftballons aufdeckt. »Aber die Mama war ganz stur. ›Du kannst dich nicht vor allem drücken‹, hat sie gesagt. ›Es ist dem Fabian schon aufgefallen, wie selten du mit in die Kirche gehst.‹« Fabian lacht. »Natürlich ist es mir aufgefallen, aber – man darf keinen Menschen zum Glauben zwingen, nicht wahr?«

»Von wem weißt du das?«

»Von der Frau Jansen. Nur – ein bisschen zwingt die Mama den Papa schon, was? Dass er nämlich zu diesem Elternabend geht. Und der Till hat seine Mama gezwun-

gen hinzugehen. Sie wollte erst gar nicht! ›Dort pass ich überhaupt nicht hin, in diese ordentlichen Normalfamilien, alle komplett mit Vätern, die sich um ihre Kinder kümmern‹, hat sie gesagt. ›Gut‹, hat der Till gesagt, ›dann geh ich auch nicht in den Kurs.‹ – ›Doch, in den Kurs gehst du, das ist gut für dich …‹ Ein riesiges Hin und Her, weißt du? Der Till hat mir alles erzählt.«

»Ihr seid richtige Freunde geworden«, sagt die Oma und findet schon wieder nicht die Karte mit dem zweiten blauen Regenschirm.

»Wir sind ein tolles Drei-Eck«, sagt Fabian zufrieden. »Der Till, die Tina und ich. Das hat auch der Kenan schon eingesehen. Du, Oma, warum schafft Gott die Erdbeben nicht ab?«

»Wie bitte?«

»Wenn Gott so gut und freundlich ist, wie es uns die Religionslehrerin heute erzählt hat, warum schafft Gott die Kriege und Überschwemmungen und Erdbeben nicht ab?«

Die Oma seufzt so tief, dass Anna aus dem Halbschlaf erwacht.

»Das weiß ich nicht, Fabian. Ich denke, die Erde ist noch nicht so, wie Gott sie haben will.«

»Er könnte die Erdbeben abschaffen.«

»Ja, Fabian. Aber die Kriege und Überschwemmungen, die kann er nicht so einfach abschaffen.«

»Nicht?!«

»Es hat mit der Freiheit zu tun. Gott hat dem Menschen die Freiheit geschenkt. Er zwingt ihn nicht, gut und friedlich zu sein. Er lässt ihm sogar die Freiheit, Bomben zu werfen. Gott zwingt den Menschen auch nicht, vernünftig zu sein. Er lässt ihm die Freiheit, die großen Wälder abzuholzen, sodass das Wetter sich verändert und neue Wüsten entstehen und anderswo Flüsse über die Ufer treten und alles mitreißen.«

Fabian schüttelt den Kopf. »Er schaut zu, wie die Menschen Blödsinn treiben?«

»Ja«, sagt die Oma. »Die Freiheit ist für Gott so wichtig und kostbar, dass er sie uns nicht einmal dann wegnimmt, wenn wir sie schlecht gebrauchen. Wir können böse sein, wenn wir es unbedingt sein wollen.«

Fabian spürt, wie ihm vor Aufregung heiß wird. »Ich will nicht, dass es auf der Erde so viel Böses gibt.«

»Du kannst deinen Teil beitragen, dass es immer mehr Gutes gibt. Es fängt bei Kleinigkeiten an. Du kannst versuchen, über andere Leute nicht zu schimpfen. Du kannst mithelfen, möglichst wenig Müll zu verursachen, indem du zum Beispiel eine Einkaufstüte öfters verwendest. Du kannst sparen, indem du dieses Memoryspiel gut behandelst, sodass auch noch die Anna damit spielen kann …«

»Will spielen!«, quietscht Anna, erwischt eine Karte – es ist die mit dem zweiten blauen Regenschirm – und wirft sie in weitem Bogen auf den Teppich.

»Du kleines –« Schon will Fabian »Mistvieh« sagen, aber er schluckt das Wort im letzten Moment hinunter. Er bückt sich und hebt die Karte auf. Dabei spürt er, wie müde er geworden ist. Als hätte er gerade einen Berg von Steinen aufgehoben. Sein Kopf summt. Fabian muss gähnen. Er gähnt wie ein Löwe. »Uah! Uah! Ich glaube, ich geh ins Bett.«

»Ich auch«, sagt Anna begeistert. »Bin furchtbar schlaferig.«

Kennen lernen

Fabian sperrt die Badezimmertür hinter sich zu. Er will allein sein. Niemand soll ihm zuschauen, wie er das Kreuzzeichen übt. Was hat die Frau im Pfarrbüro gesagt? Wir bekommen Kinder, die nicht einmal das Kreuzzeichen können!

Fabian vermutet, dass sie ihn prüfen werden, gleich heute am ersten Kurstag.

Also: Stirn, Brust, linke Schulter, rechte Schulter. Eins - zwei - drei - vier.

Raschelt der Duschvorhang? Nein. Noch einmal: Stirn, Brust, linke Schulter, rechte Schulter.

Fabian stellt sich auf die Zehenspitzen und guckt in den Spiegel. Macht er es richtig? Stirn – Brust – linke Schulter, nein, rechte Schulter – Wieso sieht im Spiegel alles so neu und ungewohnt aus?

Stirn – rechte Schulter –

»Ganz fals!«, quietscht es hinter dem Duschvorhang. Zwischen den rosafarbenen Falten kriecht Anna hervor.

»Kann man denn nicht einmal im Bad allein sein?«, brüllt Fabian.

Die Mama rüttelt an der Türklinke. »Sofort aufmachen! Ich will nicht, dass ihr euch da einsperrt.«

Mit flatternden Fingern dreht Fabian den Schlüssel, und es dauert eine Weile, bis er die Tür offen hat.

»Mir reicht's!«, jammert die Mama und steckt den Schlüssel ein. »Muss ich eben auch noch die Schlüssel von Bad und Klo kassieren!« Wegen Anna sind die Laden- und Schrankschlüssel schon längst in unerreichbaren Höhen aufbewahrt.

»Irgendwie ist das gegen die Freiheit«, murrt Fabian, und da kommen ihm auf einmal die Tränen. »Ich – ich – ich kann nicht einmal das Kreuzzeichen machen!«

»Unsinn!«, sagt die Mama und beginnt mit Anna den Anziehkampf. Anna will keine gelben Regenstiefel, sie will rote, jetzt auf der Stelle!

»Alle Regenstiefel sind gelb! Beeil dich, Fabian. Wir begleiten dich nur heute, am ersten Kurstag, weil ich die Frau Gerti kennen lernen will.«

»Sie ist die Taufpatin von der Gina aus der 2 c, das hat die Tina schon herausgebracht.«

Durch den Herbstregen stapfen sie zum Pfarrhaus. Der Pfarrer bittet alle in den großen Saal im Kellergeschoss zum allgemeinen Kennenlernen. Kuchen, Saft und Kaffee sind vorbereitet, und Anna entdeckt unter den Geschwistern der Kurskinder mit Freudenschreien ein Baby im Kinderwagen, zwei Winzlige, die schon kriechen können, und zwei Jungen in ihrer Größe. Die tragen rote Regenstiefel.

»Da! Da! Rote Stiefel!«
Fabian flüchtet zu Till, Tina und Martin.
Zum Aufwärmen an diesem Regentag schlägt der Pfarrer einen Stampf-, Schüttel- und Kopfnick-Tanz in zwei Kreisen vor, die langsam aneinander vorüberziehen. So kann jeder jeden einmal sehen und mit Nicken begrüßen. Wenn die Gitarremusik kurz aussetzt, muss jeder seinem Gegenüber den Namen sagen und die Hand schütteln.
Das funktioniert ganz gut.
»Fabian!«
»Jakob!«

»Ah, du bist der!«

»Klar bin ich der!«

»Fabian!«

»Gerti!«

»Na wumm!«

Gerti ist blond und hat ein rundes Gesicht. Sie ist überhaupt ziemlich rund. Beim Stampf- und Schütteltanz geht ein Wackeln und Wogen über ihren Körper. Gerti lacht aus vollem Hals.

Nach dem Rundtanz geht Fabian zu seiner Mama zurück und flüstert ihr ins Ohr: »Die Dicke dort ist die Gerti. Du bist tausendmal schöner als sie.«

Die Mama schaut sich unauffällig nach Gerti um und wispert: »Sie ist ein bisschen rundlich, das stimmt. Aber merk dir, Fabian, die Runden sind die Gemütlicheren. Die wirft so leicht nichts um!«

Vor dem Kuchenessen bittet der Pfarrer noch jeden Gast sich vorzustellen, indem er laut seinen Namen, sein Lieblingshobby und sein Lieblingsessen nennt. Alle sollen mittun, auch die Erwachsenen.

»Till! Mit Freunden was tun! Nudeln bei Opa Mario!«

»Tina! Mir was ausdenken! Nudeln bei Opa Mario!«

»Fabian! Über was nachdenken! Nudeln bei Opa Mario!«

Alle lachen.

»Martin! Computer! Wiener Schnitzel!«

»Gina! Faulsein! Selbstgebackene Champignons!«

Fabian blinzelt nach Gina. Wie passt das zusammen, Faulsein und selbstgebackene Champignons? Die muss man doch säubern, salzen, in Mehl wälzen, in versprudeltes Ei tauchen und die triefenden Stücke nachher noch gut mit Bröseln überziehen?! Eine furchtbare Kleckerei!

»Jakob! Raufen! Würstel beim Würstelstand!«

»Na geh, Jakob«, bittet eine schlanke, hübsche Frau. »Sag doch was Ordentliches!«

»Na gut. Jakob … Fotografieren … Kuchen von der Omama!«

»Gerti! Kochen und Backen! Indianerkrapfen!«

Wieder lachen alle. Fabian denkt: Wenn die Gerti gern Süßes mag, wird sie bestimmt manchmal Kuchen in die Gruppe mitnehmen. Keine schlechte Aussicht.

Nach der Saft- und Kaffeerunde sammeln die Tischmütter ihre Gruppenkinder und wandern mit ihnen in kleinere Räume im ersten Stock.

Gerti teilt Mappen aus. »Das sind eure Kursmappen! In die heften wir alles ein, was wir zusammen arbeiten und basteln! Auf die erste Seite könnten wir eine Blume mit sieben Blättern kleben. Auf die Blätter schreiben wir uns gegenseitig unsere Namen auf: Tina, Gina, Martin, Till, Fabian, Jakob und Gerti! Wir wollen doch eine richtige Gruppe werden!«

Keine Überprüfung, ob jeder das Kreuzzeichen machen kann.

Sie kleben Blütenblätter um sonnengelbe Kreise.

»Was kommt in den Kreis hinein?«, fragt Till. »Auch ein Name?«

»Was, schlagt ihr vor?«, fragt Gerti.

»Ein Kreuz?«, meint Martin. »Oder KKK für Kirchen-Kommunion-Kurs?«

»Gott?«, schlägt Tina vor.

»Jesus?«, fragt Fabian.

»Jesus, das passt am besten!«, ruft Gina. »Ich zeichne Jesus hinein.« Im Nu hat sie mit Filzstiften eine Gestalt in den gelben Kreis gemalt: einen Mann mit rotem Mantel, braunen Sandalen und blauem Heiligenschein. »Weil Blau die Farbe vom Himmel ist...«

Jakob beugt sich über Ginas Zeichnung und bläst durch die Lippen. »Puh! Viel zu ungenau! Ich warte, bis ich ein gutes Foto kriege, das klebe ich dann in die Mitte!«

»Foto – von wem?«, fragt Gerti.

»Na, von Jesus!«

Tina kichert. Jakob schaut sie wütend an.

»Sie haben damals noch keine Fotoapparate gehabt«, sagt Gerti. »Es gibt auch keine Bilder von Jesus, die zu seiner Zeit gemalt worden sind.«

Jakob schaut ungläubig von einem zum andern. »Meine Oma hat mir aber gesagt, der Jesus *lebt*! Die bösen Kerle damals haben ihn umgebracht, aber Gott hat ihn wieder lebendig gemacht, und jetzt *lebt* er!«

»Ja, das stimmt«, sagt Gerti. »Jesus ist am Kreuz gestorben, aber Gott hat ihn aus dem Tod aufgeweckt…«

»Gut. Dann will ich ein Foto von ihm«, sagt Jakob.

»Die Art und Weise, in der er jetzt lebt, bei Gott in der geistigen Welt«, sagt Gerti, »die kann man mit Menschenaugen nicht sehen und mit unseren Kameras nicht fotografieren.«

»Aber meine Oma«, sagt Jakob zornig, »meine Oma hat mir versprochen, dass der Jesus mein Freund sein wird. Wie kann einer mein Freund sein, von dem es nicht einmal ein Foto gibt?!« Er schmettert seine Mappe auf den Boden und trampelt auf ihr herum. »Ich glaube, sie haben mich schon wieder betrogen! Immer schwindeln sie mir was vor!«

Gerti kauert sich neben den trampelnden Jungen.

»Jakob, haben dir deine Eltern denn nie etwas von Gott erzählt?«

»Haben sie! Haben sie! Wie ich noch klein war! Dass der Gott alles weiß und alles sieht und alles kann. Dabei hat er nicht einmal eine eigene Homepage, die nur ihm gehört, das hab ich beim Onkel im Büro herausgefunden. Jede Homepage, die nach dem Jesus oder nach dem Gott benannt ist, gehört irgendwelchen fremden Leuten! Der Gott selber hat keine!«

»Was hat er nicht?«, fragt Tina.

»Er hat keine Adresse im Internet«, flüstert Martin. »Hör zu, Jakob, die braucht Gott auch gar nicht. Er hört dich, wenn du an ihn denkst. Er hat ein Überdrüber-Internet, verstehst du!«

»Aber ich höre und sehe ihn nicht«, brummt Jakob. »Drum hab ich gedacht, dass wenigstens mit dem Jesus alles stimmt. Meinen Eltern –« wieder stampft er mit den Beinen – »meinen Eltern ist das alles egal, die wollen nur mit meiner Oma gut auskommen, weil der die Firma gehört, und drum muss ich in diesen Kurs hier gehen, obwohl es nicht einmal ein Foto…« Er fängt zu weinen an. Es sind Zornestränen, das sieht Fabian genau, spritzende Zornestränen wie bei Anna.

»Ich mach dir einen Vorschlag«, sagt Gerti. »Dir und allen. Dieser Kurs ist dazu da, mehr über Jesus zu erfahren. Eine echte Spurensuche in unserem Leben. Wir werden erforschen, was es von Jesus alles gibt, wo wir es finden und welche Leute Erlebnisse mit Jesus gehabt haben. Bis zum nächsten Treffen schaut euch in unserer Stadt um, wo es Bilder und Statuen von Jesus gibt, wie sie die Künstler lang nach der Jesus-Zeit gemalt und geschnitzt haben. Und dann wollen wir gemeinsam überlegen, was sich diese Maler und Bildhauer wohl dabei gedacht haben, ja?«

Die Kinder nicken, flüstern miteinander und gehen mit ihren Mappen fort.

Nur Jakob lässt seine Mappe auf dem Boden liegen.

Auf der Suche

Fabian rennt zu Opa Mario hinauf. »Sie haben keine Zeit mit mir herumzusuchen, aber allein wollen sie mich nicht gehen lassen!«

»Aha«, sagt Opa Mario. »Und was soll gesucht werden?«

»Bilder von Jesus«, sagt Fabian. »In unserer Stadt. Es dürfen auch Statuen sein.«

»Ein ausgiebiges Programm«, brummt Opa Mario.

Fabian nickt ganz ernst. »Ich schlage vor, wir schauen zuerst gründlich in der Katharinenkirche nach, dann in den anderen Kirchen. Nimmst du Papier und Kuli mit? Und deinen Fotoapparat? Den mit den Sofort-Bildern?«

»Im kleinen Laden neben dem Dom gibt es Postkarten von allen Kunstwerken der Stadt«, sagt der Opa, setzt seine karierte Mütze auf und geht mit Fabian zur Katharinenkirche.

Fabian wandert dreimal außen um die Kirche herum und dreimal innen auf und ab. Er diktiert dem Opa, was er entdeckt hat: »Zweimal Jesus als Baby, einmal in der Krippe, und einmal hält ihn die Maria auf dem Arm. Dreimal Jesus, wie er am Kreuz hängt. Dann vierzehn ganz arge kleinere Bilder, wie sie ihn verspotten und umbringen.«

»Du meinst den Kreuzweg«, murmelt Opa Mario. »Und weiter?«

»Die traurige Maria in der Seitenkapelle, wie sie den toten Jesus im Schoß wiegt. Aus Holz geschnitzt, glaub ich. Bei dieser Maria hab ich immer Angst, dass mich die Anna fragt, was da los ist…«

Der Opa hat alles aufgeschrieben. »Und jetzt?«

»Gehen wir zum Dom!«, bittet Fabian.

34

Das schönste Jesusbild im Dom ist aus funkelnden kleinen Steinen gemacht. »Mosaik heißt das«, erklärt Opa Mario. Und man muss den Kopf in den Nacken legen, damit man es genau sehen kann. Das Mosaik leuchtet auf goldenem Grund von der Kuppel herunter.

Auch Jesus als Baby kann man im Dom finden, aus Holz geschnitzt. Er sitzt wiederum auf dem Arm seiner Mutter, und beide tragen wunderschöne, gestickte Kleider und goldene Kronen.

»Toll«, sagt Fabian.

Opa Mario räuspert sich.

»Maria und Jesus waren arme Leute, Fabian. Die haben in ihrem Leben nie ein gesticktes Kleid oder Perlen und Edelsteine getragen. In späterer Zeit haben dann die Christen die Statuen mit allem Reichtum geschmückt, den sie auftreiben konnten.«

»Warum?«

»Vielleicht haben sie gedacht: Maria hat uns ihr Jesuskind geschenkt. Darum schenken auch wir ihrem Bild das Kostbarste, das wir haben. Oder sie haben gemeint, das Gold ist ein Abglanz der himmlischen Herrlichkeit.«

»Suchen wir weiter«, sagt Fabian. Sie finden auch hier große und kleine Kreuze und Statuen vom gemarterten Jesus. Die gefallen Fabian nicht. Aber er entdeckt ein großes Bild von Jesus in einem schönen Garten. Seltsame rote Früchte hängen an den Bäumen, die Rosen blühen und in den Zweigen der Sträucher turnen Finken und Meisen. Jesus trägt einen Strohhut auf dem Kopf und hält einen Spaten in der Hand. Will er die Blumenbeete umstechen? Vor ihm kniet eine Frau mit ausgebreiteten Armen. Jesus hat sich zum Gehen gewendet. Winkt er der

36

Frau zum Abschied? »Auf diesem Bild sieht er irgendwie unternehmungslustig aus«, flüstert Fabian.

Opa Mario geht zum Schriftenstand in der Vorhalle und holt ein kleines Buch mit der Beschreibung der Bilder. »Das ist der Ostergarten, Fabian. Siehst du dort hinten das leere Grab? Die Frau heißt Magdalena. Sie ist eine treue Freundin von Jesus. Sie wollte sein Grab besuchen, aber nun findet sie Jesus als Lebendigen wieder. Zuerst hat sie ihn für den Gärtner gehalten.«

»Klar, mit diesem Sonnenhut«, sagt Fabian.

»Äh – der Hut – den hat der Maler nur gemalt, damit die Leute sich erinnern, dass die Magdalena Jesus für einen Gärtner hielt«, sagt Opa Mario. »Ich glaube, die Magdalena hat so geweint vor lauter Traurigkeit, dass sie Jesus zuerst nicht deutlich gesehen hat. Dann aber hat sie seine Stimme erkannt. Er hat sie beim Namen gerufen.« Er liest aus dem Büchlein vor: »Er sprach: Halte mich nicht fest, denn ich bin noch nicht zum Vater aufgestiegen... Damit meint er, dass er zu Gott in den Himmel gehen will.«

»Sie hält ihn ja gar nicht fest, Opa.«

Opa Mario schaut zum Bild hoch und denkt nach. »Es gibt verschiedene Arten jemanden festzuhalten. Du kannst ihn am Ärmel packen, du kannst ihn bitten: Geh nicht fort, ich brauche dich hier und jetzt. Du kannst ihm sagen: So und so denke ich von dir, und deshalb musst du auch so sein...« Er seufzt. »Schwierig, auf welche Ideen man da kommt. Aber es könnte auch so gewesen sein: Die Magdalena, die eigentlich Maria von Magdala heißt... also diese Frau da oben im Garten hat Jesus voll Freude umarmt, das wäre doch das Normalste, oder? Aber der Maler hat sich nicht getraut, das zu malen. Weil... weil der auferstandene Jesus ein zu großes Geheimnis für ihn war. Er hat sich nicht vorstellen können, dass man Jesus anfassen darf.«

Fabian blinzelt zur Frau hinauf. »War sie traurig, dass sie ihn nicht festhalten durfte?«

Opa Mario hebt die Schultern. »Woher soll ich das wissen?«

»Bitte, Opa, denk nach!«

Opa Mario wirft einen Blick in das kleine Buch. »So, wie es da geschrieben steht, war sie nicht traurig. Er hat ihr einen Auftrag gegeben. ›Geh zu meinen Geschwistern‹, hat er gesagt, ›und sprich zu ihnen: Ich steige auf zu meinem Vater und eurem Vater, zu meinem Gott und eurem Gott.‹ Da lief Maria von Magdala und verkündete den Jüngern: ›Ich habe den Herrn gesehen, und das hat er mir gesagt…‹«

»Geh zu meinen Geschwistern«, wiederholt Fabian.

»Damit hat er seine Schülerinnen und Schüler gemeint, alle seine Freunde, die Jünger, die Apostel.«

»Aber jetzt nennt er sie Geschwister?!«

»Ja, er will ihr Bruder sein.« Opa Mario wischt sich den Schweiß von der Stirn. »Nicht Lehrer oder Herr und Meister, sondern Bruder.«

»Opa, regt dich das auf?«

»Äh – ich – ich überlege mir, was das bedeutet…«

»Das ist doch klar«, sagt Fabian. »Mit einem Bruder teilst du, was du hast. Du bist an ihn gewöhnt, und wenn es ein lieber Bruder ist, brauchst du keine Angst vor ihm zu haben.«

Opa Mario legt Fabian die Hand auf die Schulter und drückt ihn ein bisschen an sich. »Das heißt, Jesus teilt die himmlische Herrlichkeit mit uns, und wir brauchen keine Angst vor ihm zu haben.«

»Klingt gut, was?«

»Klingt gut«, sagt Opa Mario und steckt das Büchlein ein. »Bist du jetzt zufrieden? Genug herausgefunden?«

»Nein. Ich möchte noch in die Kirche gegenüber und dann in diesen Kartenladen!«

Die Verkäuferin sucht für Fabian alle Postkarten hervor, die Bilder von Jesus zeigen, und Fabian darf aussuchen: Jesus als Hirte, der ein Lamm über den Schultern trägt. Jesus mit einer Fahne in der Hand. Jesus in einem Boot, das auf den Wellen schaukelt. Jesus mit einem Netz voller Fische. Jesus beim Picknick: Da braten zwei Fische über einem kleinen Feuer.

»Na, jetzt hast du aber genug Bilder, was?«, brummt Opa Mario.

Fabian schluckt und seufzt. Er schaut zu, wie der Opa zahlt, dann geht er still neben ihm her zum Bus.

Opa Mario denkt noch immer an die Magdalena. »Er muss sie sehr geliebt haben«, murmelt er. »Wenn ich bedenke, da wird er aus dem Tod geweckt und könnte gleich in das überirdische Reich marschieren, und er nimmt sich Zeit für – hm – für das Gespräch im Garten. Das ist doch sehr … wie soll ich das ausdrücken – sehr rücksichtsvoll, sehr feinfühlig … sehr liebevoll. Die Liebe war ihm das Wichtigste auf der Welt. Wichtiger als die himmlische Herrlichkeit.« Erschrocken bleibt er stehen. »Nein, nein, so darf man das wohl nicht sagen … Vielleicht ist Liebe nur ein anderes Wort für Himmel. So ist es!«, ruft er plötzlich. »Himmel ist kein Ort, sondern eine Art und Weise zu leben! Wer liebt, der lebt, hier und drüben. So alt bin ich geworden, bis ich mir den Himmel zurechtreimen kann...«

Leute drehen sich nach Opa Mario um und schmunzeln, aber Fabian merkt es kaum.

»Opa, bist du wirklich zufrieden mit dem, was wir gefunden haben?«

»Ja. Du nicht?«

Fabian schüttelt den Kopf. »Nein. Es war nirgends ein Bild mit Kindern!«

Opa Mario macht große Augen. Dann sagt er: »Du hast Recht. Kein Maler hat für unsere Kirchen ein Bild von Jesus und den Kindern gemalt...«

»Er hat eben nur mit Erwachsenen geredet...«

»Wer? Jesus? Nein, das glaube ich nicht.«

»Kinder waren ihm vielleicht nicht wichtig«, sagt Fabian mit zitternder Stimme.

»Lächerlich«, brummt Opa Mario. »Ich werde dir beweisen, dass ihm Kinder wichtig sind.«

»Wie denn?«

Der Opa holt tief Luft. »Wie... Lass mir ein paar Tage Zeit. Ich muss erst die biblischen Geschichten lesen.«

»Lies sie ganz schnell, Opa Mario.«

Frühstück mit Papa

Zum Sonntagsfrühstück hat die Mama Schinkenkipferl gebacken. Der Papa isst sie so gern. Drei hat er schon verspeist. Nun guckt er sehnsüchtig auf das letzte Stück. »Seid ihr alle satt? Gut. Dann opfere ich mich für dieses einsame Ding, solange es noch warm ist. Mmm! Schmatz! Eure Mama ist eine Super-Schinkenkipferl-Bäckerin!«
Die Mama lächelt, aber nicht lang, denn Fabian fragt: »Was heißt das: Ich opfere mich?«
»Das heißt«, sagt der Papa vergnügt mit vollem Mund, »dass ich für euch etwas tu ... indem ich nämlich – äh – damit keine Reste bleiben ... Also, ich verzichte auf einen schlanken Bauch und stopfe mir dieses köstliche –«

Die Mama räuspert sich.

»Es war ein Spaß, Fabian«, sagt der Papa. »In Wirklichkeit heißt opfern: auf etwas verzichten, etwas hergeben. Zum Beispiel beim Schachspiel, da opferst du dem Gegner einen Bauern, das ist eine Figur beim Schachspiel, damit du –«

Die Mama räuspert sich noch stärker. »Vergiss nicht, dass wir ein Kommunionkurskind haben! In der Kirche bedeutet Opfern etwas ganz Bestimmtes –«

»Opferkerzen!«, ruft Fabian. »Das steht in der Kirche auf der Tafel bei den kleinen roten Kerzen. Und wie viel eine kostet, das steht auch angeschrieben. Die alte Frau aus dem Siebener-Haus zündet vor dem heiligen Josef immer eine Kerze an. Wozu braucht der heilige Josef eine Opferkerze?«

»Keine Ahnung«, sagt der Papa. »Ich vermute, er braucht keine. Was soll er mit einer Kerze?«

Die Mama steht auf und hebt Anna aus dem Kindersessel. Sie sagt zum Papa mit einer ungewohnt süßen Stimme: »Nun erklär das dem Fabian schön, wie das ist mit dem Opfern. Ich ziehe der Anna unterdessen die Schuhe an, damit wir rechtzeitig in die Kindermesse kommen!«

Fabian sitzt nun mit Papa allein am Frühstückstisch. Der Papa schmiert sich noch ein Butterbrot. Er hat dicke Falten auf der Stirn. Er kaut jeden Bissen sehr lang. Dann schmiert er Fabian ein Brot und belegt es sorgsam und langsam mit schön geschnittenen Käsestreifen. »In früheren Zeiten«, sagt er schließlich, »haben die Menschen gemeint, man muss den Göttern Geschenke machen, damit sie freundlich sind und helfen. Bei manchen Völkern haben die Leute sogar geglaubt, sie müssen die Gottheiten füttern: mit Speisen, mit Wein, mit Weihrauchduft, mit Tieren, mit Menschenblut.«

»Uah!«, ruft Fabian.

»Menschenblut war das Kostbarste, was sie den Göttern geben konnten, es war die eigene Lebenskraft«, erklärt der Papa. »Und wer etwas Böses getan hatte, wollte die Götter mit Gaben versöhnen: mit einem Bild aus Elfenbein und Gold, mit einem silbernen Leuchter … Später haben die Menschen dann verstanden, dass es Gott lieber ist, wenn sie ihre Gaben den Armen und Hungrigen geben. Aber immer noch schmückt man die Kirchen und Heiligenbilder mit Blumen und Lichtern als Zeichen der Dankbarkeit. Der heilige Josef braucht die Kerze nicht, aber die Frau aus dem Siebener-Haus denkt bestimmt: Ich hoffe, dass Gott mich beten gehört hat. Ich hoffe, dass er mir hilft. Ich hoffe, dass der heilige Josef mir gute Gedanken schickt. Die Kerze ist ein Zeichen für diese Hoffnung… vermute ich.« Wieder runzelt der Papa die Stirn. »Weißt du, so gut kenn ich mich auch nicht aus. Die Christen bringen in der Messe Brot und Wein als Gaben zum Altar. Ich glaube, das bedeutet: *Danke* für alles, was du uns zum Leben gibst.«

»Papa, du bist doch auch einmal zur Erstkommunion gegangen?«

»Natürlich bin ich das. Ich habe damals alle Teile der Messe gut aufzählen können.«

»Heute nicht mehr?«

»Heute nicht mehr so genau. Aber das eine weiß ich: Der Priester spricht die Wandlungsworte über Brot und Wein, sodass sie heilige Zeichen für Jesus werden. Frag doch die Gerti, wie das ist mit dem Opfer in der Messe. Warum Jesus sein Leben hingegeben hat – Hat sie euch das noch nicht erklärt?«

»Nein.«

»Zum Kuckuck, warum müssen das ausgerechnet die Väter erklären? Sogar die Mütter drücken sich davor und gehen lieber ihren Töchtern Schuhe anziehen, nur damit sie diese schwierigen Dinge nicht erklären müssen!«

Der Papa zieht seinen Jogginganzug an. »Ich bin mit dem Axel aus meinem Büro verabredet. Wir laufen ein paar Runden im Park. Tschüss dann bis nachher!«

Fabian geht zu Mama und Anna ins Kinderzimmer.

»Na?«, fragt die Mama. »Hat er dir alles erklärt?«

»Nein«, sagt Fabian. »Aber das Miteinander-Reden war schön!«

Der Beweis

Opa Mario sieht unausgeschlafen aus. Er gähnt in einem fort und seine Augenlider sind gerötet. Vor ihm auf Omas Küchentisch liegt ein Buch, aus dem viele bunte Lesezeichen herausragen. »Also, Fabian, hör zu. Ich habe schnell gelesen, wie du es dir gewünscht hast, zwei Nächte lang, und ich habe herausgefunden, was in den ältesten Geschichten über Jesus und die Kinder geschrieben steht.«

»Toll«, sagt Fabian. »Erzähl!«

»Ich kann's dir vorlesen –«

»Ich hör dir so gern zu, wenn du erzählst«, sagt Fabian und rückt seinen Stuhl ganz nahe an Opa Marios Stuhl.

»Na gut«, sagt der Opa. »Ich versuch's auf meine Art. Also hör zu. Jesus war nicht immer sanft und still. Er konnte stinkwütend werden.«

»Nein!«

»Doch«, sagt Opa Mario. »Da hat er zum Beispiel einmal laute, grantige Stimmen vor seiner Tür gehört. Die Stimmen seiner Jünger und Freunde. Er schaut nach, was los ist. Da sieht er Mütter mit Kindern vor dem Haus, die betteln: ›Lasst uns rein! Es dauert nicht lang. Wir wollen nur, dass Jesus unseren Kindern die Hand auflegt und sie segnet!‹ – ›Kommt nicht in Frage‹, schimpfen die Jünger, ›kann man denn nie Ruhe haben, verschwindet von da, aber schnell!‹ – Jesus sieht, wie enttäuscht die Frauen und Kinder sind. Er ärgert sich grün und blau über seine Jünger. Er fährt sie an: ›Lasst die Kinder zu mir kommen! Untersteht euch ja nicht, sie daran zu hindern! Kinder, herein mit euch!‹ – ›Die stören doch nur‹, murren die Jünger, ›die verstehen ja noch nichts …‹ Aber Jesus erklärt

45

ihnen: ›Menschen wie diesen Kindern hier gehört das Gottesreich. Und das sage ich euch: Wer nicht wie ein Kind das Reich Gottes aufnimmt, kommt nimmermehr hinein!‹ Da erschrecken die Jünger und halten den Mund. Jesus schließt die Kinder in die Arme. Jedem einzelnen legt er die Hände auf den Kopf, segnet es und verspricht ihm Gottes Schutz …«

Fabian denkt lange nach. »Wie geht das mit den Händen auf dem Kopf?«

Opa Mario streckt seine Hände aus und legt sie auf Fabians Wuschelkopf. »Du sollst gesegnet sein, Fabian, Gott beschütze dich!«

»Und – und die Anna? Hätte Jesus die auch gesegnet?«

»Natürlich!«

»Obwohl die immer ›Alle meine Entlein‹ singt in der Kirche?«

»Das hätte ihn nicht gestört. Ich glaube, er hätte die Anna gepackt und im Kreis geschwenkt und gerufen: ›Solchen wie dir gehört das Gottesreich.‹«

»Opa, was ist das, das Gottesreich?«

Opa Mario seufzt. »Das ist – das ist – der Bereich, in dem nur Gottes Wille geschieht, in dem jeder zu jedem gut ist. Ich habe gelesen, dass es dieses himmlische Reich schon jetzt unter den Menschen gibt –«

»Und es gehört auch der Anna und mir«, sagt Fabian. »Und der Tina und dem Till und den anderen Kindern. Opa, dann müssten die Erwachsenen in der Kirche doch freundlicher zu uns Kindern sein, wenn uns das himmlische Reich gehört.«

»Sind sie unfreundlich?«

»Sie zischen, wenn die Anna redet. Letzten Sonntag wieder. Die Mama war ganz unglücklich, weil die Leute sie so böse angeschaut haben.«

»Diese Leute haben die Geschichte von Jesus und den Kindern vergessen«, murmelt Opa Mario. »Oder nie kennen gelernt. – Fabian, willst du nicht wissen, *wer* diese Geschichten aufgeschrieben hat?«

»Nein. Es genügt, wenn du sie mir erzählst.«

Opa Mario schüttelt den Kopf. »Nein! Man muss wissen, von wem sie sind. Gib Acht. Die Freunde von Jesus haben sie aufgeschrieben. Die ersten Christen, die in der Stadt Jerusalem gelebt haben. Da war eine Frau, die hat Jesus bestimmt noch selber erlebt, wie er war, wie er ausgesehen und geredet hat. In ihrem Haus sind die Christen zum Beten und Feiern zusammengekommen. Sie haben einander erzählt, was Jesus getan hat, wie er gestorben und auferstanden ist. Der Sohn dieser Frau war Markus.

Der hat die Jesusgeschichten in griechischer Sprache aufgeschrieben. Diese Sprache hat man damals überall verstanden. Und Markus wollte, dass möglichst viele Leute von Jesus erfahren. Gute Botschaft, gute Nachricht hat er sein Buch genannt. Evangelium, in der alten Sprache. Nach Markus haben auch andere Schriftsteller die gute Nachricht aufgeschrieben, jeder auf seine Weise. Man nennt sie die Evangelisten.«

Fabian staunt. »Was du alles weißt, Opa.«

»Ich habe gelesen und nachgedacht«, brummt Opa Mario. »Dir zuliebe. Und ich habe herausgefunden, dass Jesus immer wieder mit Kindern zu tun hatte. Oft hat er kranke Kinder geheilt. Kinder waren also wichtig für ihn. Die Geschichten sind der Beweis dafür. Verstehst du? Es gibt keine gemalten Bilder von Jesus, aber es gibt die Erinnerungsgeschichten seiner Freunde. Ganz ehrliche Geschichten. Denn die Freunde haben nicht verheimlicht, wie Jesus sich über sie ärgern musste. Also: Nach diesen Geschichten kannst du dir Jesus vorstellen.«

»Wie er zum Beispiel sagt: ›Los, Kinder, herein zu mir.‹ Und sie stürzen sich auf ihn. Das kann ich mir prima vorstellen.«

»Na also«, sagt Opa Mario erleichtert. Und er gießt sich ein Glas Wein ein, mitten am Nachmittag. »Das muss ich feiern! Dass du dir aus dem, was ich erzähle, Bilder in deinem Kopf machst! Willst du auch die übrigen Jesusgeschichten hören, in denen Kinder vorkommen? Jede Woche eine?«

»Ja«, sagt Fabian. »Und die erzähle ich dann meinen Freunden im Kurs!«

Brot und Brötchen

»Fabian«, fragt der Papa beim Abendessen, »was stellst du dir vor, wenn ich sage: Brot – die Frucht der Erde und der menschlichen Arbeit?«

»Häh?«, fragt Fabian.

Der Papa wiederholt ganz langsam: »Brot. Die Frucht der Erde und der menschlichen Arbeit.«

»Mit Wurst drauf?«, erkundigt sich Fabian.

»Ohne Wurst. Nur Brot. Woher kommt es?«

»Vom Bäcker...«

»Ja, Fabian, vom Bäcker. Der bäckt es aus Mehl. Das Mehl kommt aus der Mühle. Weißt du, was in einer Mühle geschieht? Dort werden die Getreidekörner zu Mehl gemahlen. Die Körner, die in den Ähren auf dem Feld gewachsen und reif geworden sind. Das möchte ich dir gern einmal vorführen.«

»Jetzt, im Herbst?«, fragt die Mama. »Die Felder sind längst abgeerntet.«

»Eine Mühle möcht ich dem Fabian zeigen«, sagt der Papa. »Eine echte, alte Mühle, die am rauschenden Bach klappert... Damit er später versteht, warum es in der Messe vom Opferbrot heißt: die Frucht der Erde und der menschlichen Arbeit. Und vom Wein heißt es: die Frucht des Weinstocks und der menschlichen Arbeit. Wir werden daher auch zu einem Weinbauern gehen. – Ich kümmere mich nämlich um unser Kommunionkind«, fügt er mit einem Seitenblick zur Mama hinzu. »Es soll nicht dauernd heißen, ich kümmere mich nicht... Also: Diesen Samstag Mühle, nächsten Samstag Weinlese!«

»Ich will mit!«, schreit Anna.

»Klar nehmen wir euch mit«, sagt der Papa. »Die Mama und dich!«

»Eine tolle Idee!«, ruft die Mama. »Stammt sie von dir?«

»Beinah«, murmelt der Papa. »Die Sekretärin hat mich draufgebracht. Ihr ist nämlich aufgefallen, wie kribbelig ich war. Weil es dauernd geheißen hat, ich kümmere mich nicht... Sie hat mit ihrem Kind vor der Erstkommunion diese Brot- und Weintour gemacht, verstehst du. Sie organisiert das für mich.«

»Können wir die Tina mitnehmen?«, fragt Fabian.

»Aber gern, mein lieber Sohn.«

»Dann müssen wir aber auch den Till einladen«, meint Fabian.

»Jaja, den Till!«, quietscht Anna. »Bitte den Till!«

»Könnte das deine Sekretärin nicht gleich für die ganze Gerti-Gruppe organisieren?«, fragt die Mama. »Mit einem kleinen Bus? Häng dich doch gleich einmal ans Telefon! Ruf als erstes die Gerti an!«

»An eine derartige Großunternehmung hatte ich eigentlich nicht gedacht«, brummt der Papa, »aber wenn du unbedingt meinst –«

Nach zwei Tagen steht fest, dass außer den sechs Kindern der Gerti-Gruppe noch drei jüngere Geschwister, fünf Mütter und vier Väter mitfahren. Und natürlich Tischmutter Gerti, die sich bei Fabians Papa für die wunderbare Organisation bedankt.

»Aber ich bitte Sie«, wehrt der Papa ab. »Ist doch selbstverständlich, dass man sich kümmert.«

Die Leitner Bauernmühle steht an einem kleinen Bach, der vom Wald herunterrauscht. Sie ist aus alten, grauen

Holzblöcken gebaut und hat ein Schindeldach. »Schön«, sagt Jakob und fängt gleich an zu fotografieren.

Der Müller ist ein Mann mit fröhlichen Augen. Er begrüßt die Gäste und zeigt ihnen zuerst das große Mühlrad mit seinen Schaufelzellen. Vom Bach her führt ein Wasserzulauf zum Rad. »Gebt Acht, jetzt öffne ich den Zulauf!«, ruft der Müller.

Das Wasser fließt von oben auf die Schaufeln des Rades. Langsam setzt sich das Rad in Bewegung, wird schneller und dreht sich schließlich ganz gleichmäßig. Mit ihm dreht sich auch der mächtige Wellbaum. Ein Stöhnen und Ächzen geht durch das Mühlenhaus, es dröhnt und klopft, rattert und klappert. Anna erschrickt. Der Papa nimmt sie auf den Arm.

Der Müller lacht. »Kommt hinein, drinnen seht ihr die eigentliche Mühle mit ihren zwei Mühlsteinen. Der eine heißt ›Der Leger‹, weil er ruhig liegt, der andere ›Der Läufer‹, weil er sich dreht. Kommt nur!«

Im Mühlenhaus ist es dunkel. Fabian blinzelt neugierig. Er sieht den Mühlenkasten mit dem Bottich davor. Eine schmale Stiege führt hinauf zu den Mühlsteinen. Fabian will der Erste sein, der hinaufsteigt. »Sei vorsichtig«, ruft seine Mama ängstlich.

»Langsam, langsam! Jeder darf herauf«, sagt der Müller. »Schön nach der Reihe!« Geduldig erklärt er allen, wie das Getriebe funktioniert. Wie das Korn aus dem Trichter durch das sogenannte »Steinauge« des Läufers in den Mehlspalt zwischen Läufer und Leger rieselt und zerrieben wird, wie das grobe Mehl im Mehlbeutel gerüttelt und gesiebt wird.

»In so einer Bauernmühle«, sagt der Müller, »wird das Mahlgut bis zu siebenmal immer wieder in den Trichter geschüttet und von neuem durchgemahlen, bis das Mehl fein genug ist.«

Mit einer kleinen Holzschaufel füllt er das frischgemahlene Mehl in ein Säckchen und schenkt es Gerti. »Sie backen bestimmt gern, hab ich Recht?«

»Ich wundere mich«, schreit Tina in Fabians Ohr, »dass es in einem Haus *zugleich* weiß und dunkel sein kann...«

Zum Abschied lädt der Müller die Besucher noch in die Kammer neben dem Mühlwerk ein. Für die Erwachsenen gibt es ein Gläschen Schnaps, für die Kinder Apfelsaft.

»Schön war's bei Ihnen«, sagt Tills Mutter begeistert. »Und dabei wollte ich erst gar nicht mit, weil ich gedacht habe: Wieder was, wo ich nicht dazu passe...«

Aber die Mühle war nur die erste Station des Ausflugs. Fabians Papa hat für die kleine Reisegesellschaft noch eine Überraschung bereit. Der Bus fährt den kurvigen Weg zum Leitnerhof hinauf. Die Leitnerbäurin wartet schon. Sie hat ein kleines, runzeliges Gesicht. »Wie meine Uroma«, flüstert Gina.

Die Leitnerbäurin führt die Gäste hinter das Haus zu einem gemauerten Backofen. »Jetzt bin ich aber baff«, sagt Tinas Mutter. »Dass es so was noch gibt! Ein altes Backhäusl! Und noch in Betrieb?«

»Wir backen alle vierzehn Tage«, sagt die Bäurin. »Ich habe heute schon in aller Früh eingeheizt, dann Glut und Asche herausgekehrt und die Brote eingeschossen.«

»Eingeschossen?«, fragt Martin.

»So heißt das«, sagt die Bäurin. »Mit diesem Schuber da hab ich meine Brote in den Ofen geschoben, das nennt man Einschießen. Sie werden bald fertig sein, und ihr könnt zuschauen, wie ich sie heraushole. Im Ofen ist's dann noch warm genug, dass man kleine Brötchen und Weckerl backen kann. Ich hab Teig für euch übrig gelassen. Wer hat Lust, etwas zu formen?«

Alle Kinder haben Lust, auch Anna.

Zunächst waschen sie sich am Brunnen die Hände, dann bekommt jedes ein Stück Teig.

Auf einem langen bemehlten Brett wälzen und rollen sie ihre Laibchen. Martins Vater formt eine Brezel. Die Bäurin erzählt, wie sie den Brotteig angesetzt hat. »Mehl, Wasser, Salz und Sauerteig braucht man dazu. Ich habe immer meinen eigenen Sauerteig. An jedem Backtag behalte ich ein bisschen Teig zurück, der gärt und geht schön auf bis zum nächsten Mal … Wollt ihr eure Weckerl verzieren und bestreuen? Hier sind Sonnenblumenkerne, Kümmel und Sesamkörner. Nur zu!«

Es ist ein aufregender Augenblick, als die Bäurin die blechbeschlagene Tür des Backofens aufmacht. Oh, dieser gute, warme Duft! Mit dem Schuber holt sie die heißen Brote heraus.

»Hunger!«, schreit Anna.

Die Bäurin lacht. »Jetzt schießen wir eure Laibchen hinein, und während sie backen, gibt's drin im Haus eine kleine Jause!«

Ginas Mutter packt Fabians Papa am Arm. »Das ist ja unglaublich, was Sie sich da für uns ausgedacht haben! Schade, dass mein Mann nicht mit ist!«

Sie drängen sich alle um den Tisch unter dem Herrgottswinkel und schmausen Speck und Käse. Die Bäurin stemmt einen Laib Brot gegen ihre Brust, zeichnet mit dem Messer drei Kreuzchen auf die Kruste und schneidet große, schöne Scheiben ab. Martins Mutter fragt, ob man hier auf dem Hof Brot auch zu kaufen kriegt. »Klar«, sagt die Bäurin. »Aus der ganzen Umgebung kommen die Leute um mein Brot. Ich gebe Ihnen gern was ab.«

»Ihr habt jetzt erlebt«, sagt Gerti zu den Kommunionkurskindern, »wie solch ein Brot aus vielen Körnern gemacht wird. Das Getreide sprießt aus der Erde, und Sonne und Regen sind für sein Wachstum nötig. Der Bauer erntet das Korn mit seinen Erntemaschinen. Der Müller mahlt es, der Bäcker bäckt es – oder eure Mütter oder ich.«

»Und darum«, sagt Fabians Papa sehr zufrieden, »heißt es in der Messe, wenn das Brot als Gabe der Menschen zum Altar gebracht wird: das Brot, die Frucht der Erde und der menschlichen Arbeit! Das versteht ihr jetzt alle gut, oder?«

»Ja«, rufen die Kinder, und dann laufen sie hinaus zum Backofen und bekommen ihre warmen Brötchen in die Hand.

Auf der Heimfahrt duftet der ganze Autobus nach frischem Brot.

»Ich freu mich schon auf nächsten Samstag«, sagt Tills Mutter. »Auf die Weinlese.«

»Da nehmen wir aber auch den Papa mit, Gina, gelt?«, ruft Ginas Mama.

»Und vielleicht meine Oma«, sagt Jakob.

»Kein Problem«, sagt Fabians Papa. »Wir organisieren eben einen etwas größeren Bus...«

Der Junge mit
den fünf Gerstenbroten

Eine Geschichte aus der Bibel,
von Opa Mario erzählt

Das Fischerhaus, in dem Jesus mit seinen Freunden wohnte, war zu klein für die vielen Menschen, die Jesus sehen wollten. Sie drängten sich im Hof und in der Gasse vor dem Hoftor und schrien: »Mach mich gesund! Hilf mir! Tröste mich!« Es gab auch welche, die baten: »Erzähl uns von Gott, der auf die Armen, Hungrigen und Rechtlosen schaut! Erzähl uns Geschichten von der Hoffnung!«

Das Gedränge war so groß, dass die Apostel nicht einmal zum Essen Platz und Zeit hatten. Jesus sagte zu ihnen: »So geht das nicht weiter. Ihr braucht auch einmal ein bisschen Erholung. Fahren wir über den See ans andere Ufer, wo wir allein sein können.«

Aber die Leute bemerkten, wie Jesus und die Apostel ins Boot stiegen.

Und sie sahen, in welche Richtung das Boot segelte.

Sie liefen, so schnell sie konnten, am Ufer entlang, rund um den See, damit sie Jesus auf der anderen Seite empfangen konnten. Aus allen Dörfern am See Gennessaret kamen sie gelaufen.

Unter ihnen war auch ein kleiner Junge. Der war neugierig auf Jesus, und er war auch klug. Denn er dachte: Der weite Weg, und dort drüben, im Grasland, gibt es kein Dorf, wo man was zu essen kaufen kann. Ich nehme ein bisschen Proviant mit.

Er bat seine Mutter und bekam fünf kleine, flache Gerstenfladen und zwei getrocknete, eingesalzene Fische, die wickelte er in kühle grüne Blätter und steckte sie in seine Binsentasche.

Und als Jesus am anderen Ufer aus dem Boot stieg, stand der Junge in der riesigen Menschenmenge und winkte und schrie wie alle anderen: »Wir wollen dich hören! Wir wollen dich hören!«

Jesus taten die Menschen leid. So weit waren sie gerannt, um ein gutes Wort zu hören! Auch die Apostel hatten Mitleid mit ihnen: Sie kamen ihnen wie Schafe vor, die keinen Hirten haben.

Jesus setzte sich auf einen Grashügel und fing an zu reden: vom Vater im Himmel, vom Reich Gottes, das dem

winzigen Senfkorn gleicht – wenn es aber in die Erde ge-
sät ist, geht es auf und wird höher als alle Kräuter und
treibt Zweige so groß, dass die Vögel in ihrem Schatten
Nester bauen können.

Und die Leute hörten ihm zu und konnten nicht genug
bekommen. Als es Abend wurde, sagten die Apostel zu
Jesus: »Jetzt schick die Leute fort, damit sie in die Dörfer
zurückgehen und sich zu essen kaufen!« Jesus antwortete: »Gebt doch ihr ihnen zu essen!«

Die Apostel schüttelten traurig die Köpfe: »Für diese Men-
ge müssten wir um 200 Silbermünzen Brot kaufen, damit
jeder nur einen Bissen bekommt, soviel Geld ist nicht da!«

Das hörte der kleine Junge, der in der Nähe saß, der
Junge mit der Binsentasche. Er sprang auf und zupfte den
Fischer Andreas am Ärmel, den Bruder des Simon Petrus.
»Schau her«, sagte der Junge, »da habe ich fünf Brote und
zwei Fische, die möchte ich Jesus geben.«

Andreas ging zu Jesus und sagte: »Da ist ein kleiner Junge, der hat fünf Gerstenbrote und zwei Salzfische – aber
was ist das für so viele!«

»Die Leute sollen sich schon einmal ins Gras setzen«, antwortete Jesus.

Er rief den Jungen zu sich, schaute ihn an und fragte: »Du
willst uns also dein Essen schenken?«

»Nimm es«, sagte der Junge, wickelte Brot und Fische aus
den Blättern und hielt sie Jesus hin.

Jesus nahm zuerst die Brote, sprach das Dankgebet, brach
die Brote in Stücke und reichte sie den Menschen rundherum: »Ein kleiner Junge teilt sein Essen mit uns. Bitte
nochmals teilen und weitergeben!« Dann nahm er die
Fische, betete und teilte sie aus.

Der Junge sah, wie die Menschen teilten und aßen. Staunend ging er von Gruppe zu Gruppe. Reichte so wenig Brot wirklich für so viele? Oder gab es noch andere, die ein bisschen Proviant bei sich hatten und den nun willig mit den anderen teilten?

»Du hast noch nichts«, rief ein Mann und drückte dem Jungen ein Stück Brot und ein Stücklein Fisch in die Hand. »Teilen und weitergeben, hat er gesagt.«

»Er macht uns alle satt«, sagte eine Frau. »Es ist ein Wunder!«

»Er ist der Retter, den uns Gott versprochen hat«, flüsterte eine andere.

»Er sollte unser König sein«, sagte ein junger Mann. »Dann brauchten wir keine Not mehr zu leiden. Jeden Tag gäbe es Essen für alle.«

»Jesus, unser König!«, schrien die Leute.

Der kleine Junge lief zu dem Hügel zurück, auf dem Jesus saß. Er wollte es nicht versäumen, wenn die Leute kamen und Jesus zu ihrem König machten. Aber Jesus war schon fortgegangen. Er wollte nicht König werden.

Zwei Tage später sah der kleine Junge Jesus wieder. Es war in Kafarnaum.

Viele Menschen umringten Jesus und sagten: »Du hast uns satt gemacht wie damals Mose in der Wüste unsere Ahnen, als er ihnen das Manna aus dem Himmel gab.«

»Das war eine vergängliche Speise«, sagte Jesus. »Der Vater wird euch das wahre Brot vom Himmel geben, die Speise für das unendliche Leben.«

»Herr, dieses Brot wollen wir!«

»*Ich* bin das Brot des Lebens«, sagte Jesus. »Ich bin das

lebendige Brot, das aus dem Himmel zu euch nieder-
gestiegen ist, weil der Vater mich geschickt hat. Wer an
mich glaubt, wird niemals mehr hungern und niemals
mehr Durst haben. Er wird leben – durch mich!«

Da gingen die meisten Leute murrend fort und sagten zu-
einander: »Er ist verrückt geworden. Er kann uns doch
nicht sich selber zu essen geben! Und außerdem: Wie
kann er behaupten, dass er vom Himmel herabgestiegen
ist? Wir kennen doch seine Eltern!«

Auch der kleine Junge hatte nicht verstanden, wie Jesus
das meinte mit der Speise für das unendliche Leben. Aber
er blieb in der Nähe stehen und hörte, wie Jesus seine
Apostel fragte: »Wollt auch ihr davongehen?«

»Zu wem sollten wir gehen?«, fragte Simon Petrus. »Wir
leben von dem, was du uns sagst. Wir glauben, dass du
der von Gott gesandte Heiland bist.«

Sie bleiben bei ihm, dachte der Junge. Auch ich will bleiben und durch ihn leben.

Die Weinlese

Als Fabian nach dem Erstkommunion-Unterricht aus dem Pfarrhaus kommt, wundert er sich, als er Tills Mutter vor dem Tor warten sieht.

Till geht doch immer allein nach Haus?

Auch Till wundert sich. »Was ist los, Mama?«

»Nichts ist los. Ich habe nur Lust gehabt, dich abzuholen. – Hallo, Fabian. Hallo, Tina. War's nett im Kurs?«

»Es geht«, sagt Tina. »Wir haben so viel über Wasser und Leben und Taufe und noch einmal Wasser geredet, dass ich furchtbar durstig geworden bin. Tschüss.« Sie rennt davon.

Tills Mama schaut ihr erstaunt nach. »Aber ihr habt doch sicher Wasser zu trinken bekommen, wenn ihr schon über Wasser redet?«

»Es war genug Wasser da«, brummt Till. »Aber das hat dann die Gina dem Jakob über den Kopf gegossen. Dabei hat sie gesagt: Komm, ich taufe dich noch einmal, wer weiß, ob sie dich ordentlich getauft haben. Deine Leute haben ja keine Ahnung von Kirche und so. Da hat der Jakob geweint, und die Gerti hat die Gina geschüttelt und geschrien: Bist du verrückt oder was…«

»Habt ihr beide auch Durst?«, fragt Tills Mama. »Ich lade euch auf Apfelsaft ein, da drüben in der Konditorei.«

»Schade«, sagt Fabian. »Ich soll hier auf die Mama warten. Sie ist mit der Anna Stiefel kaufen…« Er grinst Till an. »Rote Plastikstiefel, für die Weinlese… Im Weingarten braucht man feste Schuhe, hat der Papa gesagt, am besten alte, die lehmig und dreckig werden dürfen.«

»Wir warten mit dir auf deine Mama«, sagt Tills Mutter.

Aber da kommen sie schon um die Ecke gesaust, Anna im Buggy mit roten Stiefeln an den Füßen und Fabians keuchende Mama. »Armer Fabian, wir wollten eigentlich pünktlich sein!«

»Macht nichts«, sagte Fabian. »Du, die Mama vom Till würde uns auf Apfelsaft einladen –«

»Apfelsaft«, quietscht Anna.

»Auf dich ist Verlass«, sagt Fabian zu seiner Schwester. Denn natürlich sagt Tills Mama nun »Oh bitte, kommen Sie doch mit!« und Fabians Mama antwortet: »Also gern, auf ein Viertelstündchen.«

In der Konditorei entdeckt Anna den Obstkuchen in der Vitrine, und dann dauert es doch länger als ein Viertelstündchen. Fabian schaut zu, wie Till für Anna Katzen auf die Serviette zeichnet, aber seine Ohren sind in Richtung Mama gespitzt. Die beiden Mütter unterhalten sich auf einmal auffallend leise.

»...so wie ich lebe, als Alleinerzieherin«, sagt Tills Mama gerade, »ich arbeite in einer Bar und habe viele Bekanntschaften... Ich hätte nie gedacht, dass ich so selbstverständlich zu einem Ausflug des Kommunionkurses mitgenommen werde. Es war schön für mich.«

»Ich hoffe, Sie kommen auch zur Weinlese«, sagt Fabians Mama.

»Ich komme! Aber da hätte ich noch eine Frage, und drum bin ich froh, dass ich Sie getroffen habe... Sagen Sie ruhig nein, wenn es nicht geht –«

Ihre Stimme wird fast unhörbar, und Fabian muss sich sehr anstrengen, dass er das Flüstern versteht. »Ich würde gern Tills Oma zu diesem Ausflug mitnehmen. Ich würde sie für dieses Wochenende zu uns einladen.«

»Ihre Mutter?«, fragt Fabians Mama.

»Ja. Meine Mutter. Ihr gefällt nicht, wie ich lebe. Sie hat uns lange nicht mehr besuchen wollen. Sie findet immer was zu schimpfen, was mich betrifft. Na gut, soll sie. Aber für den Till wäre es gut, wenn die Oma sich wieder ein bisschen mehr für uns interessiert. Wegen der Erstkommunion, wissen Sie. Nicht wegen irgendwelcher Geschenke, das nicht. Aber damit der Till wenigstens einen Hauch von Familie erlebt.«

»Ich verstehe, wie Sie das meinen«, flüstert Fabians Mama.

»Laden Sie die Oma ruhig ein. Diesmal kommen überhaupt mehr Erwachsene mit, auch der Pfarrer.«

»Die Oma soll sehen, dass ich in dieser Runde – also, wie soll ich das sagen –«

»Ich verstehe Sie, und mein Mann wird es auch verstehen. Keine Sorge«, sagt Fabians Mama, und es klingt tröstlich und beinahe unternehmungslustig.

Vom Süden weht ein warmer Föhnwind, und am blauen Himmel ziehen lange, schmale Wolkenfische dahin. Die Blätter der Birken leuchten goldgelb. Die meisten Weingärten sind schon abgeerntet. Aber für die Kinder des Kommunionkurses hat der Weinbauer zwei Reihen Weinstöcke voll süßer Trauben übrig gelassen. Er zeigt ihnen, wie man die Trauben erntet: Mit einer kleinen Schere schneidet man sie ab und legt sie in einen Eimer. Auch die Erwachsenen dürfen mithelfen. Sie bekommen flache Plastikschalen mit einem Stielgriff, in die sie die abgeschnittenen Trauben sammeln. Für die ganz oben hängenden Trauben muss man sich strecken, für die unten muss man sich bücken. Zwischen den Weinblättern hängen zarte Spinnennetze. Blätter und Spinnweben bleiben in den Haaren der Kinder kleben.

Jakob weiß nicht, was er zuerst tun soll: naschen, pflücken – »lesen« heißt das in der Weinbauernsprache – oder fotografieren. Für Anna ist die Sache einfacher, sie nascht und nascht. Ihr Gesicht ist schon verschmiert.

»Toll«, sagt Jakob und fotografiert Anna.

»Ihr Enkel hat einen Blick für gute Bilder«, sagt Tills Mama zu Jakobs Oma.

»Doch, das hat er...«

Fabians Papa arbeitet neben Tills Mama. »Sie gefallen mir«, sagt er zu ihr und deutet auf die Schürze und das

Kopftuch. »Sie sehen wie eine echte Weinbäuerin aus.«
Dann fragt er Tills Oma: »Ist das Ihre erste Weinlese?«
»Ja«, sagt Tills Oma. »Es gibt immer noch Neues im Leben...«
»Ich kenne den Weinbauern seit Jahren«, plaudert Fabians Papa. »Er macht einen herrlichen, unverfälschten, sortenreinen Wein. Er wird uns alles erklären, und dann dürfen wir uns durchkosten, wir Großen.«
»Wir auch«, sagt Gina.
»Nein, ihr kriegt den frischgepressten Traubensaft.«
Die Eimer mit den Trauben werden in den Anhänger des Traktors gestellt, dann tuckert der Traktor mit Trauben und Kindern zum Presshaus. Anna plärrt. Sie wäre gern mitgefahren.
»Die Welt ist ungerecht, was?«, sagt Tills Oma zu Anna. Und weil Anna nicht aufhört zu weinen, bittet sie später den Weinbauern: »Lassen Sie die Kleine doch auch einmal fahren!«
»Allein?«, brummt der Weinbauer.
»Mit mir«, sagt Tills Mama und schwingt sich auf den Anhänger, und nun tuckert der Traktor extra für Anna noch ein paar Meter weit.
Das Presshaus heißt so, weil hier die große Weinpresse steht. Sie dreht und dreht sich und presst den Saft aus den Trauben. Durch einen Schlauch rinnt der Saft in den Keller hinunter, hinein ins Fass. »Nun wird der Traubensaft gären und schäumen«, sagt der Weinbauer. »Wenn er dann eine staubigweiße Farbe hat, nennen wir ihn Sturm. Da ist schon Alkohol drin, und Kinder dürfen ihn nicht mehr trinken. Noch später wird er zu klarem Wein. Alles braucht seine Zeit. Zum rechten Zeitpunkt sehe ich ihn

und fülle ihn in Flaschen. So, jetzt könnt ihr euch vorstellen, wie der Wein entsteht.«

Fabians Papa räuspert sich und sagt: »Wein, die Frucht der Erde und der menschlichen Arbeit!«

»Einen Teil der Arbeit kennt ihr nun«, sagt Gerti zu den Kindern.

Die Frau des Weinbauern hat Fleisch und Brote vorbereitet. »Eine kleine Stärkung für die fleißigen Weinleser!«

Die Kinder stürzen über das Essen her. Jakobs Mutter schämt sich. »Als hättest du tagelang nichts zu essen gekriegt, Jakob!«

»Das macht die frische Luft«, sagt die Bäuerin. Sie schenkt den Kindern Traubensaft ein. Er schmeckt wunderbar süß. »Schade, dass Wein draus wird«, sagt Martin.

Die Erwachsenen lachen. »Wein wird schon in der Bibel gelobt«, sagt der Pfarrer. »Da steht geschrieben: Der Wein macht den Menschen froh.«

»Er ist ein Zeichen für die Festesfreude«, sagt Tills Mama nachdenklich. »So wie das tägliche Brot das Zeichen für das Überleben ist. Der Mensch braucht beides, Brot für den Alltag und Wein zum Feiern. Ich finde es schön, dass es beides in der Messe gibt.«

»Das haben Sie gut gesagt«, meint der Pfarrer. »Und jetzt weiß ich noch etwas Interessantes für die Kinder. Hört zu: Jesus hat sich mit einem Weinstock verglichen. Er hat zu seinen Freunden gesagt: Ich bin der Weinstock, ihr seid die Rebzweige. Wenn ihr mit mir verbunden bleibt wie die Reben mit dem Weinstock, dann werdet ihr reiche Früchte tragen.«

Tina runzelt die Stirn vor Nachdenken. »Ist ja klar«, sagt

sie dann. »Wenn man die Zweige abschneidet, verdorren sie. Dann gibt's auch keine Trauben.«

»Wir könnten einen Weinstock für unsere Mappe zeichnen«, schlägt Gina vor. »Mit vielen, vielen Rebzweigen. Jeder Zweig kriegt einen Namen.«

»Ich habe Papier und Stifte mitgenommen, für alle Fälle«, sagt Gerti.

»Und wie Weinblätter aussehen, wissen wir jetzt«, lacht Till.

Während der Weinbauer die Erwachsenen in den Keller hinunterführt zur Weinkost, sitzen die Kinder um den Tisch und zeichnen. Till hält Anna dabei auf seinem Schoß. »Schau, das ist dein Zweig«, sagt er. »Ich schreibe Anna dazu.« Er zeichnet grüne Blätter und blaue Trauben auf Annas Rebzweig. Anna strahlt. »Ganz lieber Till bist du...«

Aus dem Keller herauf klingt Gelächter. Gläser klirren.

»Gut, dass sie sich nicht langweilen«, meint Fabian.

Als die Erwachsenen endlich aus dem Keller kommen, gut gelaunt und mit unglaublichem Appetit auf Fleisch und Schmalzbrot, müssen sie erst die Zeichnungen bewundern. Die hängen mit Wäscheklammern befestigt an einer Leine, die vom Presshaus bis zum großen Nussbaum gespannt ist.

Auch Tills Oma wandert – ein Glas Wein in der Hand – von Bild zu Bild.

»Na so was«, sagt sie. »Da bin ja überall auch ich drauf.«

Sie deutet auf die Reben mit der Aufschrift »Tills Oma«. Nicht nur Till, auch alle anderen Kinder haben einen Rebzweig für sie gezeichnet.

»Du gehörst eben dazu«, sagt Tills Mama.

Gemeindearbeit

»Heute will ich euch etwas über unsere Pfarrgemeinde erzählen«, sagt Gerti. »Die Gemeinde – das ist die Gemeinschaft der Menschen, die in unserer Katharinenkirche zusammenkommen, gemeinsam Gottesdienst feiern – was tun sie denn noch alles gemeinsam?«

»Sie sind gemein«, sagt Fabian.

»Wie – wie bitte?«

»Sie sind gemein, und darum heißen sie auch so: Gemeinde«, sagt Fabian. »Sie mögen kleine Kinder nicht. Sie zischen, wenn die Anna was fragt. Sie sagen zu meiner Mama: Wenn Sie Ihr Kind nicht im Zaum halten können, gehen Sie gefälligst raus!«

»Ach, Fabian, das tut mir leid, aber das waren bestimmt nur ein paar ältere Damen –«

»Auch junge! Und Männer! Und Mütter mit ganz braven Kindern. Die haben gesagt: Tja, man muss ein Kind eben richtig erziehen… Die Leute hier mögen Kinder überhaupt nicht! Es gibt ja nicht einmal ein Bild in der Kirche oder hier im Pfarrhaus von Jesus und den Kindern! Dabei hat Jesus die Kinder gern! Er hat sie umarmt. Und wenn dieser kleine Junge ihm nicht die Brote und Fische gegeben hätte, hätte er die vielen Erwachsenen nicht satt gekriegt. So ist das! Aber davon haben die Leute hier keine Ahnung!«

»Uiuiui, Fabian, du hast dich richtig in Zorn geredet«, sagt Gerti.

»Weil's wahr ist!«, schreit Fabian.

»Er hat Recht«, sagt Till. »Wo ist hier ein Bild von Jesus und den Kindern?«

»Und ich«, sagt Martin, »und ich habe gesehen, wie Fabians Mama schnell mit der Anna hinausgegangen ist. Wird auch Zeit, hat eine Frau hinter mir gesagt.«

Gina springt auf und stellt sich vor Gerti. »Die Gerti gehört zur Gemeinde und ist nicht gemein! Jeder, der sagt, dass meine Patentante gemein ist, kriegt eine Ohrfeige, dass es nur so klatscht!«

»Na endlich«, sagt Jakob, »endlich ist in dieser Langweilerrunde was los. Ich wäre sonst wieder eingeschlafen! Schade, dass ich meinen Fotoapparat nicht mithab! Der Fabian und die Gina sind so schön rot im Gesicht!«

»Gehören wir auch in diese Gemeinde?«, fragt Tina.

»Ja«, sagt Gerti. »Seit eurer Taufe. Und nun sollt ihr durch die Teilnahme an der Kommunion noch enger dazu gehören. Das Wort Gemeinde kommt nämlich nicht von ›gemein‹, sondern von ›gemeinsam‹, von *miteinander sein und miteinander etwas tun.* Es gibt hier viele sehr nette Leute, die in der Gemeinde mithelfen. Zum Beispiel der Herr Gehlen. Der arbeitet beim Nächstendienst mit.«

»Was heißt das schon wieder?«, brummt Fabian.

»Nächstendienst bedeutet, dass man sich nicht nur um sich selber kümmert, sondern um die anderen in der Nähe«, sagt Gerti. »Wollt ihr den Herrn Gehlen näher kennen lernen? Gehen wir doch hinüber in sein Büro. Er soll euch selber über seine Arbeit Auskunft geben!«

Herr Gehlen ist ein kleiner glatzköpfiger Mann mit Augengläsern. Er steht an einem Kopiergerät und ordnet grüne, gelbe und rote Zettel. Überrascht blinzelt er die Kinder an. »Nanu? Krieg ich gar Hilfe? Da, seht euch diesen Zettel an! So richtig anregend und muntermachend wirkt er noch nicht, was?«

Martin schnappt sich den Zettel und liest vor:

UNBEKANNTEN ARMEN MENSCHEN FREUDE UND
WÄRME SCHENKEN!

Helfen auch Sie mit!
Wir sammeln für das Obdachlosenheim in der Kreuzgasse gebrauchte Kleider – bitte sauber und nicht zerrissen! –, Wäsche, Decken, Handtücher und haltbare Lebensmittel.

Bringen Sie Ihre Spende am Caritas-Sonntag direkt in die Kirche!
Weiter richten wir auch Weihnachtspakete für Gefangene her. Benötigt werden Schokolade, Dauerwurst, Teebeutel usw., aber kein Alkohol!

»Na«, sagt Herr Gehlen, »gefällt euch der Zettel?«
Martin zuckt die Schultern. »Es ist alles richtig geschrieben, glaub ich … Ich würde *helfen* dick rot unterstreichen.«
Till schaut Martin über die Schulter. »Sauber und nicht zerrissen – das würde ich weglassen. Wer schenkt denn zerrissenes Zeug her?«
Herr Gehlen seufzt.
»Meine Oma«, sagt Gina, »die schenkt so was her. Die können sich das ja flicken, sagt sie. Sollen auch was tun. Die werden wohl ein paar Knöpfe annähen können …«
»Was heißt das?«, fragt Jakob und zeigt auf das Wort Caritas.
»Caritas heißt Nächstenliebe«, erklärt Herr Gehlen. »Eine Patronin der Nächstenliebe ist die heilige Elisabeth von Thüringen. Die hat für arme, kranke Leute gearbeitet. Ihr Fest wird im November gefeiert. November – das ist eine gute Zeit, an Obdachlose zu denken. Da können sie nicht mehr im Freien übernachten, sondern klopfen im Heim an. Und die Gefangenen – egal, wer sie sind –, die sollen auch spüren, dass man sie zu Weihnachten nicht vergisst. Oder hat das Jesuskind vielleicht gesagt: Ich bin für alle Menschen auf die Welt gekommen, nur nicht für die Gefangenen?«
»Nein, das hat es nicht gesagt!«, ruft Tina. »Und obdach-

los war es im Moment selbst, es hat nur einen Stall gehabt...«

»Wenn ich zeichnen könnte!«, seufzt Herr Gehlen. »Dann würden diese Zettel gleich ein bisschen spannender aussehen. Einen Zweig vielleicht, einen Stern –«

»Einen Gefangenen hinter einem vergitterten Fenster«, sagt Till.

»Man könnte auch Sterne aus Goldpapier draufkleben«, schlägt Tina vor. »Wenn Sie Hilfe brauchen – der Till, der Fabian und ich machen das sofort!«

»Ich auch!«, sagt Gina. »Gibt es hier Farbstifte?«

Herr Gehlen zieht eine Lade auf. »Doch, gibt es! Und eine Schere und Klebstoff und Goldpapier!«

Gerti schaut unschlüssig von einem Kind zum andern. »Also – eigentlich wollte ich euch heute ja über Gemeindearbeit erzählen...«

»Hier *machen* sie Gemeindearbeit«, sagt Herr Gehlen. »Und ich bin für jede Hilfe dankbar.«

»Na, wie geht's euch in eurem Kurs?«, fragt Gabriel am nächsten Tag in der Schule. »Habt ihr wieder saublöde Sachen lernen müssen?«

»Dafür war keine Zeit«, sagt Fabian, »vor lauter Gemeindearbeit... Und jetzt helfen wir noch beim Kleidersammeln für die Obdachlosen und Gefangenen. Ich hab dem Opa Mario schon einen Pullover abgebettelt und dem Papa seinen alten Anorak.«

»Meiner Mama hab ich eine Wolldecke abgeschwatzt«, sagt Till.

»Und ich war mit meiner Mutter Wurst und Speck kaufen«, sagt Martin. »Sie wollte erst nicht, dann hab ich ihr

gesagt, dass ich an den nächsten Abenden lieber Erd-
äpfelsuppe esse statt Wurstbrot. Ich nehm dich beim
Wort, hat sie gesagt und sooo eine lange Wurst gekauft!«
Tina lacht. »Wir haben Bücher für die Gefangenen aus-
sortiert. Das war vielleicht eine Arbeit! Erstens mussten
wir die Bücher abstauben, und zweitens musste der Papa
nachschauen, ob es wohl die richtigen Geschichten waren, keine Krimis und so!«
Gabriel hört zu und sagt kein Wort. Auch Kenan hat zugehört. »Ist das alles Gemeindearbeit?«, fragt er. »Ich bin
zwar kein Christ, aber ich könnte euch was von meinen
Leuten bringen. Mein großer Bruder, der gibt mir vielleicht was von seinem Zeug…«
»Bitte, wir wären froh darüber«, sagt Tina.
»Na, und erst die Obdachlosen«, sagt Fabian. »Wie die
froh sein werden!«
»Würdest du – würdest du auch von mir was nehmen?«,
fragt Gabriel plötzlich.
Die Kinder starren ihn an.
»Für unsere Gemeindearbeit?«, fragt Martin.
»Für die Gefangenen«, brummt Gabriel.
Tina boxt Fabian in den Rücken, und Fabian sagt: »Ich
nehme sehr gern was an. Warum denn nicht? Wir sind für
jede Hilfe dankbar.«

Zwei Tage später klingelt es an Fabians Tür.
Gabriel stellt einen großen Plastiksack vor Fabians Füße.
»Da, den alten Wintermantel von meinem Vater. Wir ha-
ben ihn in der Schnellreinigung saubermachen lassen.«
»Vielen Dank«, sagt Fabian. »Magst du reinkommen?«
»Nein. Die Mama wartet unten. Tschüss!«

Fabian holt den Mantel aus dem Plastiksack. Es ist ein guter, warmer Mantel. An dem Aufhänger ist noch das rote Schildchen der Reinigung befestigt. Das lass ich dran, denkt Fabian, so wissen die gleich, dass der Mantel ganz sauber ist.

Er faltet den Mantel und will ihn wieder in den Sack stopfen. Aus einer Manteltasche rutscht ein Zettel heraus. Fabian erkennt Gabriels Schrift.

»Frohe Weihnachten! Wie ich Eislaufen gelernt hab, ist immer mein Papa mit mir hingegangen. Dabei hat er diesen Mantel getragen. Jetzt geht er nicht mehr mit mir hin, weil er keine Zeit hat.«

Fabian schiebt den Zettel wieder in die Tasche hinein.

Ich weiß viel zu wenig vom Gabriel, denkt er dabei.

Die Geschichte vom kranken Mädchen und seiner Mutter,

wie Opa Mario sie erzählt

In einer Hafenstadt am Mittelmeer, in Tyrus in Syrien, lebte zur Zeit Jesu ein kleines krankes Mädchen. Ich stelle mir vor, dass seine Mutter Händlerin war, und eine schlaue dazu! Denn sie scheint eine energische Frau gewesen zu sein, eine, die sich zu reden traut, selbständig und witzig, nicht auf den Mund gefallen. Ihre Familie stammte aus Phönizien – aus diesem Land an der afrikanischen Nordküste kamen damals die besten Händler. Die Frau sprach bestimmt mehrere Sprachen, das war in Tyrus nötig, und wenn sie beten wollte, ging sie in einen der vielen Tempel in der Stadt und stand vor den Statuen der Göttinnen und Götter, von denen sie sich Hilfe erhoffte. In den Augen der Juden war sie eine Heidin. Denn sie glaubte nicht an den einen, unsichtbaren Gott, als dessen geliebte Kinder sich die Juden fühlten.

Ich bin überzeugt, dass diese Frau aus Tyrus alles für die kleine, kranke Tochter tat, was ihr möglich war. Sie bezahlte Ärzte, Arzneien und Wundermittel. Sie trug ihr Kind zu den Tempelpriestern, denn auch die verstanden etwas von der Heilkunst. Oft verordneten sie den Patienten einen langen, tiefen Gesundheitsschlaf im Tempel, diese Kur hatte schon vielen Menschen geholfen.

Doch dem kleinen Mädchen konnten die Ärzte und Priester nicht helfen.

»Ein böser Krankheitsgeist hält mein Kind gefangen«, klagte die Frau.

Hilflos musste sie zusehen, wie der Krankheitsgeist die Kleine packte und schüttelte, wie er ihr ein Gewitter in den Kopf jagte, dass alles durcheinander geriet, wie die Arme und Beine des Mädchens zappelten und wie es schließlich ohnmächtig auf dem Boden lag.

Woher erfuhr die Frau, dass es im Nachbarland einen wundertätigen Heiler gab? Hatten ihr Geschäftsfreunde von Jesus von Nazaret erzählt, oder ein jüdischer Händler, dem das Leid des Kindes zu Herzen ging?

Ich stelle mir vor, dass die heidnische Frau unter den Juden einen Bekannten hatte, der ihr den Rat gab. »Geh zu Jesus«, sagte er. »Lass deine kleine Tochter zu Hause bei deiner Magd und geh zu diesem Wundermann. Er kann deinem Kind Gesundheit schicken. Er hat schon viele Kranke geheilt, Erwachsene und Kinder. Auch den Diener eines römischen Hauptmanns, der gelähmt war und starke Schmerzen hatte.«

»Jesus heißt der Heiler?«, fragte die Frau. »Wie teuer ist er? Wie viel Geld soll ich mitnehmen?«

»Gar keins. Er heilt umsonst.«

»Oh ... Und wie spreche ich ihn an?«

»Du kannst Lehrer sagen. Viele von uns nennen ihn ›Sohn Davids‹. Das ist ein besonderer Ehrentitel, verstehst du. Denn Gott hat unserem Volk einen Retter versprochen, der ein Nachkomme unseres Königs David sein wird.«

»Ein Mensch, der anderen hilft, ohne auf seinen Vorteil zu schauen«, sagte die Frau, »der ist auf jeden Fall ein Gottesgeschenk!«

Noch am selben Tag wollte sie aufbrechen. Sie umarmte ihr Kind und sagte: »Nur Mut! Ich gehe, dir Gesundheit zu holen.«

»Mögen alle Götter dir beistehen«, rief die Magd.

»Der eine Gott, der unsichtbare, von dem die Juden kein Bild und keine Statue machen dürfen«, antwortete die Frau, »der soll mir beistehen.«

»Egal«, sagte die Magd. »Wenn nur unser kleiner Schatz wieder gesund wird.«

Voller Hoffnung wanderte die Frau aus der Stadt.

Je näher sie den galiläischen Dörfern kam, desto öfter fragte sie die Leute: »Ist Jesus hier gesehen worden? Wo finde ich ihn?«

Endlich bekam sie Auskunft: »Ja, der Lehrer hat sich mit seinen Schülern hier einquartiert.«

Sie wartete vor dem Haus, das man ihr gezeigt hatte, und als eine Gruppe von Männern heraustrat, rief sie laut: »Herr, du Sohn Davids!«

Sie sahen sie an, unwillig, wie ihr schien, aber sie rief noch einmal: »Sohn Davids, hab Erbarmen mit mir! Meine Tochter wird von einem Krankheitsgeist gequält.«

Einer sagte zu dem Mann, der in der Mitte stand: »Eine Heidin schreit hinter uns her, erfüll ihre Bitte und schick sie fort, damit sie uns in Ruhe lässt!«

»Gott hat mich zuerst zu den Kindern Israels gesandt«, antwortete er.

Die Frau dachte: Das muss Jesus sein! Will er mich abweisen? Wenn er einem Römer geholfen hat, wird er doch auch mir helfen!

Sie drängte sich zwischen den Schülern durch und fiel vor Jesus auf die Knie. »Herr, hilf mir!«

Er sah sie an und sagte: »Lass erst die Kinder satt werden! Es ist nicht Recht, den Kindern das Brot wegzunehmen und es den kleinen Hunden unter dem Tisch hinzuwerfen!«

Die Frau stutzte, aber nur für einen Augenblick. Sollte das heißen, dass zuerst die Lieblingskinder Gottes, die Juden, Rettung und Heil erwarten durften, dann erst die übrigen Mitbewohner der Welt? Kleine Hunde, war das als Schimpfwort gemeint?

Sie erhob sich und blickte Jesus gerade in die Augen. Sie musste ihm widersprechen. »Doch, Herr, es ist Recht! Denn auch die kleinen Hunde unter dem Tisch essen von den Bröseln der Kinder.«

Er schmunzelte, wurde aber gleich wieder ernst. »Das hast du gut gesagt! Geh nach Hause – der Krankheitsgeist hat deine Tochter schon verlassen!«

Sie glaubte ihm sofort. »Danke, Herr!«

So schnell sie konnte, eilte sie nach Tyrus zurück.

Die Magd saß neben dem Bett des Kindes, hob lächelnd den Finger an die Lippen. »Leise! Sie schläft! Der böse Geist ist aus ihr ausgefahren.«

Die Frau kniete sich neben das Kind und sah, wie friedlich es schlief. Nun erst konnte sie weinen. Auch der Magd liefen die Tränen über die Wangen. Beide Frauen weinten vor Glück und Erleichterung. Das Mädchen wachte auf, sah mit blanken Augen um sich und sprang auf. Es holte seine Puppe und eine Handvoll Nüsse und spielte Kochen.

Nach ein paar Tagen nahm die Mutter das Kind an der Hand und führte es in den Garten. »Pflück die schönste Blume, dann gehen wir uns bedanken – bei dem Mann, der uns zu Jesus geschickt hat!«

Namenskarten

Der erste Adventssonntag ist aufregend für Fabian.
Nicht nur, weil die Mama schon beim Frühstück die erste
Kerze auf dem Adventskranz anzündet.
Nicht nur, weil sich die Kinder der Erstkommunionkurse
in der Pfarrmesse der Gemeinde vorstellen sollen – das
geht sogar ganz schnell und einfach: Fabian marschiert
hinter Gina und Tina zum Mikrofon und ruft »Ich bin der
Fabian!« hinein.
Aufregend vor allem ist die Sache mit den Namenskarten.
Der Pfarrer hat die Idee gehabt: Jedes Kurskind soll ein
Kärtchen bunt bemalen und seinen Namen draufschrei-
ben. Die Karten werden in einen kleinen Korb gelegt. Der
steht während der Messe auf den Stufen vor dem Altar.
Und wenn die Leute zur Kommunion nach vorn gehen,
darf sich jeder, der will, eine Karte aus dem Korb nehmen.
Für das Kind, dessen Name auf der Karte steht, wird er
dann bis zur Erstkommunion ein stiller Begleiter sein. Er
wird für das Kind beten. Er wird Gott um eine gute Vor-
bereitungszeit für das Kind bitten. »Denn«, sagt der Pfarrer bei der Predigt, »es ist für uns alle, für unsere ganze
Gemeinde wichtig, dass die Kinder sich auf das große
Fest freuen, gern etwas über Jesus erfahren und immer
mehr in unseren Glauben hineinwachsen. Das ist aber gar
nicht so leicht in unserer Zeit. Darum muss man beten.
Ich bin überzeugt, dass diese Gebetsbegleitung unseren
Kindern hilft. Und sie brauchen gar nicht zu wissen, wer
es ist, der für sie betet. Hauptsache, jedes Namenskärt-
chen findet einen Abnehmer!«
Fabian hat auf seine Karte einen Engel mit leuchtend ro-

ten Flügeln und leuchtend roten Rollschuhen an den Füßen gemalt – weil Engel nämlich sehr schnell sein müssen im Himmel und auf Erden. Und vielleicht erkennt Fabian von weitem an dem kräftigen Rot, wer seine Karte aus dem Korb zieht.

Gespannt sitzt er in der ersten Bankreihe. Er lässt den Korb nicht aus den Augen. Jetzt bückt sich ein junger Mann nach einem Kärtchen, jetzt eine grauhaarige Frau. Jetzt das Mädchen, das bei der Messe Gitarre spielt. Und viele andere. Es geht zu schnell, Fabian kann nicht sehen, wer seine Karte nimmt. Vielleicht sogar die alte Frau, die immer zischt, wenn die Anna quietscht? Wieso nimmt die auch eine Karte? Die mag doch Kinder nicht so gern?

Fabian kann den Schluss der Messe kaum erwarten. Nach dem letzten Lied springt er über die Bank und läuft zum Korb. Er ist leer, kein einziges Kärtchen ist übrig geblieben.

Fabian guckt den Leuten nach, die sich an den Türen drängen. Einer von ihnen, irgendeiner, hat den Rollschuh-Engel eingesteckt. Er wird den Namen Fabian lesen. Wohin wird er die Karte tun? Wird er sie neben das Bett auf das Nachtkästchen legen? In der Küche an die Kaffeemaschine lehnen? Mit einem Klebestreifen an den Spiegel im Badezimmer kleben, damit er das Beten nicht vergisst? Und was wird er beten? Wann und wie oft? Jeden Abend nach dem Zähneputzen? Jeden Morgen beim Kaffeekochen? Was wird er mit Gott über Fabian reden?

Fabian spürt, wie ihm heiß wird.

Ein fremder Mensch wird sich in seinen Gebeten um Fabian kümmern! Freiwillig! Weil ihm die Kurskinder wichtig sind!

Fabian dreht sich noch einmal zum Altar. Er sieht die Blumen und die ausgelöschten Kerzen. Er sieht Jesus am Kreuz.

»Gib Acht, ich sag dir was«, sagt Fabian im Stillen zu Jesus. »Schau auf den Menschen, der für mich betet! Hilf ihm dabei, ja? Und beschütze ihn gut!«

Wie Kenan beten lernt

Kenan rechnet gut und schnell. So schnell, dass sogar Frau Jansen staunt. »Du bist ja ein Blitzrechner! Wenn du dem Fabian ein Stück von dieser Begabung abgeben könntest und der Fabian dir dafür ein Stück von seinem Talent, Sätze zu erfinden und zu schreiben – ihr zwei wäret Superschüler!«

Kenan lacht. Er sagt zu Fabian: »Komm am Nachmittag zu mir! Mein großer Bruder Hassan, der übt mit uns!«

»Gut. Aber dann musst du am Wochenende auch zu uns kommen, damit wir mit meinem Papa um die Wette Sätze erfinden! Das ist immer ganz toll, und meistens gewinne ich!«

Die Wohnung, in der Kenan mit seinen Eltern und Geschwistern wohnt, ist klein und gemütlich. Kenans Mutter stellt den Jungen einen Teller mit Honigkuchen hin. Hassan, der dem Vater im Geschäft hilft, kommt ein wenig später. »Los geht's«, ruft er, »Gehirn einschalten!«

Kenan klopft mit den Fingerknöcheln gegen seine Stirn. »Aufwachen, da drin! Leute, wir rechnen!«

»Drei mal vier und und zwei mal fünf weniger drei mal drei ist –?«

»Dreizehn«, sagt Kenan.

»Nicht so schnell«, jammert Fabian. »Ich muss mir das aufschreiben.«

»Nein, das geht im Kopf«, sagt Hassan. »Mach die Augen zu. Stell dir vor, wie du die Ziffern mit weißer Kreide auf eine dunkle Tafel malst. Und jetzt stell dir die Kugeln einer Rechenmaschine vor. Zehnerreihen untereinander. Schieb die Kugeln hin und her.«

Fabian versucht, die Kugeln in seinem Kopf hin- und her-zuschieben. Er ist immer langsamer als Kenan.

»Reine Übungssache«, tröstet ihn Hassan. Er steht auf und streckt und dehnt sich. »Zeit fürs Gebet.« Er will ins Badezimmer, aber Kenan hält ihn auf.

»He, Hassan, darf Fabian zuschauen, wie das bei uns Muslimen geht?«

»Meinetwegen. Wenn es ihn interessiert.«

Fabian wundert sich, dass Kenan ihn ins Badezimmer zieht. Beten Muslime im Badezimmer? Nein. Hassan will sich nur waschen. Er zieht den Pullover aus und krempelt die Hemdsärmel auf.

»Wir Muslime«, sagt er zu Fabian, »beten fünfmal am Tag zu Allah. Allah ist ein arabisches Wort und bedeutet Gott. Für das Gebet muss man rein sein, darum wasche ich mich jetzt. Und Kenan versucht, mir alles nachzumachen. Los!«

»Ihr seid ja gar nicht schmutzig«, sagt Fabian erstaunt.

»Rein fürs Gebet«, sagt Hassan, »ist mehr als nur: nicht schmutzig.«

Er wäscht zuerst die rechte, dann die linke Hand bis zum Gelenk. In der hohlen rechten Hand schöpft er Wasser und spült den Mund aus. Dreimal zieht er Wasser in die Nase und schnaubt es kräftig aus. Das gefällt Fabian. Nun klatscht sich Hassan Wasser ins Gesicht. Danach wäscht er den rechten und den linken Arm bis zum Ellbogen. Mit der nassen Hand streicht er sich über den Kopf, mit den Spitzen der Zeigefinger fährt er in die Ohren, mit den Daumen über die Rückseite der Ohrmuscheln. Nun ist der Nacken dran: Mit nassen Handrücken streicht Hassan da-rüber.

»Jetzt noch die Füße«, sagt er. Kenan hält sich genau an Hassans Beispiel.

Fabian ist ganz still vor Staunen. So lange Vorbereitungen für ein Gebet?

»Wir haben uns nach Vorschrift gewaschen, wir sind körperlich rein, und das ist ein Zeichen dafür, wie wir im Inneren sein wollen«, sagt Hassan zu Fabian. »Das Beten macht uns im Herzen rein, dort, wo wir fühlen und denken.« Er geht ins Zimmer zurück und rollt zwei kleine Teppiche auf dem Boden aus. »Auch der Platz, an dem man betet, muss rein sein!«

Fabian schaut zu, wie Hassan und Kenan sich feierlich verbeugen, wie sie niederknien und mit der Stirn den Boden berühren. Was Hassan betet, versteht Fabian nicht. Hassan betet in einer fremden Sprache. Kenan versucht bei manchen Stellen mitzubeten.

Als sie die Teppiche wieder aufgerollt und in eine Zimmerecke geschoben haben, fragt Fabian: »Welche Sprache war das?«

»Arabisch«, sagt Kenan. »Unser heiliges Buch, der Koran, ist in arabischer Sprache geschrieben. Ein paar Zeilen kann ich schon.«

»Sagst du mir eine Zeile in Deutsch?«

Kenan schaut Hassan fragend an, und als der nickt, sagt Kenan: »Lob sei Gott... Dir dienen wir, und dich bitten wir um Hilfe. Führe uns den geraden Weg.«

»Wir loben Gott auch«, sagt Fabian. »Für alles, das er gemacht hat... Aber in unserer Familie ist keiner, der fünfmal am Tag so feierlich betet.«

»Nicht einmal deine Oma?«, fragt Kenan.

»Ich habe es nie bemerkt...«

»Vielleicht betet sie innerlich«, sagt Hassan freundlich. »Weil die Christen vor dem Beten nicht die Schuhe ausziehen und sich nicht waschen, merkt man es ihnen vielleicht gar nicht an, dass sie im Inneren gerade mit Gott reden.«

»Mhm, mhm«, murmelt Fabian.

Sehr nachdenklich geht er nach Hause.

Beginn einer Umfrage

Im Papierwarengeschäft an der Ecke kauft Fabian ein kariertes Heft und einen Kuli. Noch im Geschäft schreibt er »UMFRAGE« auf das Schildchen.

»Nanu«, sagt die Verkäuferin, »was wird denn das? Ein neues Fach in der Schule?«

»Nein. Nur für mich. Ich will mir aufschreiben, was die Leute auf meine Fragen antworten.«

»Aha, du machst Interviews. Und worüber?«

»Na, zum Beispiel über das Beten. Ich fange gleich bei Ihnen an, ja? Wie oft am Tag beten Sie?«

»Um Himmels willen«, stöhnt die Verkäuferin.

»Wie kommst du denn auf so eine Frage? Ich habe mir

gedacht, es geht vielleicht um Mülltrennen oder Kinder-
spielplätze –«

»Ich will aber mehr über das Beten wissen.«

»Ohgottohgottohgottohgott, Kind, da frag doch lieber
einen Pfarrer...«

»Der kommt auch noch dran«, sagt Fabian. »Wenn er uns
wieder in unserem Kommunionkurs besucht.«

»Ach, jetzt verstehe ich«, sagt die Verkäuferin. »Du machst
diese Umfrage, weil du ein Erstkommunionkind bist.
Also, dann schreib nur: Es ist gut, wenn der Mensch etwas
hat, an das er sich halten kann, wenn er das braucht...
War ich zu schnell?«

»Nein«, sagt Fabian. »Aber ich will was anderes wissen.
Wie oft reden Sie mit Gott?«

»Ich? Also, wenn ich ehrlich bin... Nicht sehr oft. Aber
am 31. Jänner geh ich immer in die Jahresschlussandacht
in den Dom. Das muss sein, so ein Jahresabschluss,
und... Ab und zu ein Vaterunser, wenn ich hör, dass einer
gestorben ist. So, das reicht wohl für deine Umfrage!«

»Vielen Dank«, sagt Fabian. »Aber Sie reden doch mit
Gott. Sie haben ›Oh Gott, oh Gott, oh Gott‹ gesagt.«

Die Verkäuferin lacht. »Mein Gott, das sagt man halt so –
ohne was zu denken.«

»Vielleicht freut er sich trotzdem«, meint Fabian. »Vielleicht denkt er sich: Sie hat zwar nichts dabei gedacht,
aber ich bin trotzdem bei ihr. – Auf Wiedersehen!«

Er klappt das Umfrage-Heft zu und geht. Als er die Tür
hinter sich schließt, kann er durch die Glasscheibe die
Verkäuferin sehen. Sie steht ganz still hinter dem Laden-
tisch, und sie lacht nicht mehr. Sie hat die Arme um den
Leib verschränkt wie ein Mensch, den es fröstelt.

Hunger

Fabian trifft Ahmed auf der Straße. Ahmeds Mutter arbeitet in Opa Marios Pizzeria. Fabian zeigt Ahmed sein Umfrage-Heft. »Dich brauch ich erst gar nicht zu fragen. Ihr seid Muslime. Ihr betet fünfmal am Tag, mindestens.«

»Stimmt«, sagt Ahmed erstaunt. »Wieso weißt du das?«

»Weiß ich halt. Wie geht's dir so?«

»Naja«, brummt Ahmed. »Ich trage, sooft ich neben der Schule kann, Pizzas aus. Da krieg ich von deinem Opa Geld und machmal auch was von den Leuten. – Du, Fabian, weißt du noch, wie wir voriges Jahr bei der Frau Winkler Pizza gegessen haben?«

»Klar weiß ich das. Wir haben ihr einen kleinen Christbaum hinaufgetragen, weil sie mit ihren kranken Beinen nicht mehr zur Weihnachtsfeier in die Pizzeria kommen konnte.«

»Und wie wir da alle miteinander gegessen, getrunken und gesungen haben ... Ich krieg Hunger, wenn ich daran denke. Könnten wir die Frau Winkler nicht auch heuer besuchen? Sie wohnt jetzt in einem Pensionistenheim. – Red doch mit deinem Opa!«

»Mach ich. Tschüss!«

Vor dem Schultor trifft Fabian seine Uralt-Freundin Christa. Sie liebt ihn immer noch, auch wenn sie nun in die erste Klasse geht und viele neue Freunde hat.

»Hallo, Fabian. Gut, dass ich dich seh. Weißt du, was mir heute früh eingefallen ist? Wir dürfen doch zu Weihnachten die Frau Winkler nicht vergessen. Das wär doch schrecklich für sie, wenn sie nicht auch heuer mit uns Pizza essen könnte. Frag doch einmal deinen Opa Mario!«

»Mach ich.«

In der Mathematikstunde wispern Till und Tina miteinander. Dann dreht sich Tina zu Fabian um. »Wir haben da eine Idee … Ob wir nicht noch rechtzeitig vor Weihnachten mit Pizza und so zur Frau Winkler – Till sagt, er hat direkt Hunger, wenn er daran denkt.«

Fabian lacht. »Gut, ich rede mit dem Opa.«

Als er am Abend in das vierte Stockwerk zu Oma und Opa kommt, liegt auf dem Küchentisch ein Brief in Computerschrift. Andi hat ihn selber geschrieben, der behinderte Junge aus Omas Klasse, der im Rollstuhl sitzt und nicht sprechen kann, dafür aber lachen und weinen wie jeder andere auch.

»Lieber Fabian«, steht in dem Brief, »weißt du noch, wie wir bei der Frau Winkler Pizza gegessen haben? War doch toll, nicht? Wenn ihr wieder hingeht, will ich mit. Der Zivi sagt, er bringt mich gern hin, und außerdem brauchen wir ihn zum Gitarrespielen. Es grüßt dich herzlich dein Andi.«

»Opa«, sagt Fabian. »Sie haben alle Appetit auf Weihnachtspizza. Richtig Hunger haben sie!«

»Soso«, brummt Opa Mario. »Hunger nach Pizza. Oder doch nach etwas anderem?«

»Nein, nein. Pizza wie voriges Jahr. Weißt du, in welchem Heim die Frau Winkler jetzt wohnt? Rufst du sie an, bitte? Und sollen wir ihr wieder einen Christbaum schmücken?«

»Im Heim haben sie bestimmt einen großen schönen Christbaum für alle«, meint die Oma.

»Aber irgendwas müssen wir ihr schon basteln«, sagt Fabian. »Wir alle zusammen. Vielleicht eine Krippe? Jeder macht eine Figur aus Ton, und du lässt die Figuren bei deiner Töpferin brennen, Oma!«

»Prima Idee, aber um drei Wochen zu spät! Tonfiguren schaffen wir in dieser Zeit nicht mehr.«

»Vielleicht Figuren aus Salzteig?«, schlägt Fabian vor.

Die Oma überlegt. »Die Frau Winkler hat nicht nur schlechte Beine, sondern auch schlechte Augen. Kleine, zarte Figuren würde sie nicht erkennen. Es müsste was sein, was sie gut angreifen kann!«

»Capito«, sagt Fabian, und er sagt es ganz in Opa Marios Tonfall. »Dann soll sich einmal die Tina was einfallen lassen!«

Und ob sich Tina was einfallen lässt!

Schon am übernächsten Schultag erzählt sie Till und Fabian, was sie sich ausgedacht hat. »Es gibt im Bastelgeschäft ganz große Holzkegel mit Kugelköpfen. Aus denen machen wir die Krippenfiguren. Wir verkleiden sie mit Stoffresten und Filz und Fell. Dann spürt die Frau Winkler mit ihren Fingerspitzen: Aha, der mit dem Bart und dem Hut ist der heilige Josef. Der mit dem Fellmantel ist ein Hirte. Und das kleine Bündel mit der Holzperle als Kopf ist das Jesuskind… Die Schafe wickeln wir aus Pelzresten, und ihre Beine machen wir aus Pfeifenputzerdraht.«

»Und die Krippe?«

»Da genügen ein Tablett voller Moos, ein paar Zapfen und ein Zweig.«

»Und ein Stein«, sagt Till. »Ein Stein, der sich gut angreift.«

Kenan wird neugierig. »Macht ihr das für eine Blinde?«

»Na, für eine ziemlich Blinde.«

90

Kenan runzelt die Stirn. »Dann lasst den Hirten doch ein Bündel Zimtstangen tragen. Die riechen gut. Und einen andern Hirten einen kleinen Korb mit Gewürznelken. Ich bring euch welche aus unserem Geschäft.«

Till schlägt Kenan auf die Schulter. »Du bist toll, Kenan!«

Gabriel hat zugehört. Er schiebt sich näher, Schritt für Schritt. Schließlich fragt er so nebenbei: »Schon wieder so eine blöde Gemeindearbeit?«

»Gewöhn dir das Wort ›blöd‹ ab, wenn du von unseren Ideen sprichst«, sagt Tina böse. »Diesmal ist es keine Gemeindearbeit, sondern nur eine Überraschung für eine alte, kranke Frau, bei der wir vor Weihnachten immer Pizza essen, der Andi, der Ahmed, die Christa aus der 1 c und wir.«

Gabriel verzieht die Mundwinkel. »Aha. Und wieso hilft euch der Kenan dabei? Er ist doch Muslim und feiert nicht Weihnachten.«

»Weil's mir Spaß macht«, antwortet Kenan. »Außerdem habe ich nichts gegen Jesus. Jeder Muslim weiß, dass Jesus ein großer Prophet war.«

Gabriel schweigt eine Weile. Er schaut zu, wie Tina auf ein Blatt Papier Fellschafe zeichnet.

Dann brummt er: »In einem Handarbeitsgeschäft in unserer Straße gibt es ungesponnene Schafwolle. Die kauft meine Mama immer, wenn sie selber Filzsachen machen will. Wenn du eine leere Klopapierrolle mit dieser Wolle umwickelst, hast du im Nu ein Schaf, und es riecht auch ein bisschen danach.«

Kenan schaut Gabriel an. »He, warum hilfst du beim Ausdenken mit, wenn du nicht einmal an einen Gott glaubst? Ihr habt zu Hause bestimmt keine Weihnachtskrippe!«

Gabriel sieht aus, als würde er Kenan am liebsten eine herunterhauen.

»Krippe haben wir keine, aber einen Christbaum mit sehr vielen Schokoladeringerln haben wir. Und mit sooo großen Glaskugeln. Einen ganz tollen Baum haben wir!«

»Wir haben keinen Christbaum«, sagt Kenan. »Weil wir eben keine Christen sind.«

Gabriel wird noch wütender. »Einen Christbaum kann jeder haben. Das hat mit Gott überhaupt nichts zu tun.«

»Schön, wenn du meinst«, sagt Tina ganz ruhig, aber ihre Augen funkeln vergnügt. »Und doch redest du von Christ-Baum. Und doch gibt Gott auf dich Acht, ob es dir nun passt oder nicht, und einen Schutzengel hast du auch, egal, ob du einen willst oder nicht.«

»Stimmt«, sagt Kenan.

Gabriel schluckt und schluckt.

»Was ist, hast du Hunger?«, fragt Till.

»Ja, weil ihr so viel über Pizza geredet habt ...«

Opa Mario seufzt, weil man in der Küche im vierten Stock kaum noch kochen kann. Überall stehen Schachteln mit Bastelmaterial herum. Auf dem Fensterbrett trocknen Fichtenzapfen, auf deren Schuppen schneeweiße Watte-flocken kleben. Es riecht stark nach Vanille. Denn einer der Hirten stützt sich auf eine echte Vanilleschote. Die hat Tills Mutter gespendet.

»Ich hab dir von unten eine Lasagne mitgebracht«, sagt Opa Mario zur Oma.

»Auch für Christa und mich?«, fragt Fabian. »Sie wird gleich da sein, mit dem Moos.«

»Deine Idee mit den Wollschafen war echt super«, sagt Tina zu Gabriel. »Die greifen sich so flauschig an, dass man sie am liebsten nicht aus der Hand geben würde.«
»Hätte mich interessiert, wie sie euch gelungen sind«, sagt Gabriel. »Habt ihr sie schon hergeschenkt?«
»Nein, die stehen noch beim Opa Mario in der Küche. Heute Nachmittag fahren wir mit der Krippe zur Frau Winkler. Willst du die Krippe sehen? He, Fabian, ich nehme den Gabriel mit, wenn ich dich abhole. Wir kommen ein bisschen früher, damit sich der Gabriel seine Schafe ansehen kann.«

Opa Mario schüttelt immer wieder den Kopf. »So eine schöne Krippe! Eine Duft- und Spür-Krippe! Da wird die Frau Winkler staunen!«

»Die Schafe«, sagt Gabriel stolz. »Die Schafe sind wirklich nicht schlecht geworden.«

Vorsichtig wird die Krippe in eine große Kiste verpackt. Opa Mario telefoniert nach zwei Taxis. Gabriel steht noch immer in der Küche herum.

»Hier sind die Pizza-Schachteln«, sagt Ahmed. »Acht Stück, auch welche mit Thunfisch, passt das?«

»Passt! Wo sind die Papierteller? Die Getränke?«, ruft Opa Mario.

»Soll ich Ihnen was hinuntertragen?«, fragt Gabriel.

»Ja, bitte. Nimm die Keksschüssel dort!«

Gabriel schnuppert. »Riecht fein!«

»Koste nur!«, sagt die Oma. »Das war meine heutige Nachtarbeit…«

»Schmeckt gut«, sagt Gabriel. »Aber Pizza hab ich noch lieber. Mir wird ganz schwach vor Hunger, wenn ich an Thunfischpizza denke.«

»Komm mit«, sagt Opa Mario. »Ruf schnell noch deine Mutter an und sag ihr, wo du bist.«

Gabriel stürzt ans Telefon. »Mama, ich tu da mit bei einer Pizza-Aktion im Altersheim… Mit dem Opa vom Fabian… Ja, ja, freilich helfe ich…« Schnaufend legt er den Hörer auf. »Für so was ist sie immer zu haben, meine Mutter. Ich hab ihr nicht gesagt, dass es – dass es eigentlich –«

»Komm schon!«, schreit Till.

Opa Mario fährt mit Ahmed, Gabriel und Tina.

Die Oma fährt mit Fabian, Till und Christa. »Ist dir aufge-

94

fallen«, fragt sie Fabian, »dass alle Leute immerfort von Hunger reden?«

»Sie freuen sich auf die Pizza, Oma.«

»Und auf das Zusammensein«, sagt die Oma. »Miteinander essen ist eben mehr als nur sich etwas in den Magen stopfen, damit er nicht mehr knurrt. Der Mensch hat nicht nur Hunger nach Essen, sondern auch nach Feiern, Freude, Freundschaft. Jesus hat gewusst, dass es diese Art Hunger gibt. Drum hat er sich selber als Brot geschenkt. Er ist das Brot für diesen inneren Hunger.«

»Dann meinst du, dass auch der Gabriel diesen inneren Hunger hat?«, fragt Fabian.

Die Oma nickt.

Vor dem Altersheim wartet schon der Zivildienstler mit Andi im Rollstuhl.

Andi kreischt und schreit.

»Keine Angst«, sagt Ahmed zu Gabriel. »Er freut sich nur.« Frau Winkler sitzt auch im Rollstuhl. »Jetzt sind wir zwei, was?«, sagt sie zu Andi. Und zu den anderen sagt sie: »Ich sehe euch schlecht, aber ich kann mich an alle erinnern. Ich erkenne euch an euren Stimmen! Eine Stimme ist neu. Wer ist das?«

»Ich bin der Gabriel.«

»Schön! Sucht euch jeder einen Platz. Herr Zivi, haben Sie die Gitarre mitgebracht? Gut. Ich kann euch gar nicht sagen, wie gerührt ich bin, dass ihr mich nicht vergessen habt!«

Die Kinder bauen schnell die Krippe auf. Opa Mario öffnet eine Flasche Wein für Frau Winkler. Gabriel und Ahmed teilen Saft aus.

»Haben Sie auch schon Hunger, Frau Winkler?«, fragt Fabian.

Sie lächelt, und das sieht lustig aus, weil die vielen kleinen Runzeln in ihrem Gesicht alle in Bewegung geraten. »Hunger… ja. Vor allem eine große Sehnsucht nach… na, danach, dass in diesem Zimmer einmal was los ist! – Oh, was duftet da so gut? Zimt und Reisig – und noch etwas?«

Till schiebt sie im Rollstuhl zu dem kleinen Tisch am Fenster. Frau Winkler streckt die Hand aus. Sie berührt ein Schaf. Und noch eines. Und die Watte-Fichtenzapfen-Bäume. Und das Wickelpüppchen in der Streichholzschachtel. »Eine Krippe«, sagt sie, »für mich!«

Der Zivi zupft einen Akkord auf der Gitarre, sie singen »Es hat sich halt eröffnet das himmlische Tor«. Gabriel macht unterdessen die Pizzaschachteln auf.

Frau Winkler wiegt sich hin und her. Sie nippt aus dem Glas. »Esst nur, esst! Ich kann im Moment nicht essen. Ich fühl mich so herrlich satt.«

Sie singen noch ein Lied.

Fabian merkt, wie die Tür leise, leise aufgeht. Drei, vier weißhaarige Köpfe tauchen auf und eine spiegelnde Glatze. »Nur ein wenig zuhören wollen wir«, flüstert eine Stimme. Sie klingt irgendwie hungrig.

96

Fragen und Antworten

Unter dem Christbaum hat Fabian ein besonderes Geschenk gefunden: einen Kassettenrekorder mit Mikrofon, so wie es die Reporter im Fernsehen den Leuten bei einem Interview vors Gesicht halten. »Für deine Umfragen«, steht in Opa Marios Schrift auf dem Anhänger.
»Uiuiui, das gibt Arbeit«, sagt Fabian begeistert.
Opa Mario brummt zustimmend. »Das hier ebenfalls! Mamma mia!«
Auch er hat ein besonderes Geschenk gefunden: ein großes Bücherpaket. Ein Bibel-Lexikon ist dabei, in dem man alle unbekannten Namen und Wörter nachschlagen kann, und Bibelkommentare, Bücher mit vielen Erklärungen zu den Evangelien. »Für meinen lieben Bibelforscher« steht in Omas Schrift auf dem Anhänger.
Noch in den Weihnachtsferien macht sich Fabian mit dem Rekorder auf die Suche nach Leuten, die sich befragen lassen. Er interviewt die Sauerkrautfrau auf dem Markt, die Frau Winkler im Altersheim, den Hausmeister, Tills Mutter und noch viele andere. Sogar Opa Marios Dienstags-und-Donnerstags-Stadtstreicher in der Pizzeria interviewt er. Am letzten Ferienabend spielt er Opa Mario die Gespräche vor. Die hören sich zum Beispiel so an:

Fabian: Wie stellen Sie sich Gott vor?
Sauerkrautfrau: Wie ein großes Licht. Freundlich und warm. Und aus dem Licht kommt eine Stimme und sagt zu mir: ›Da bist du ja.‹
Fabian: Und den Himmel, wie stellen Sie sich den vor?

Sauerkrautfrau: Also nicht so wie in diesen Bilderbüchern, wo alle auf Wolken sitzen und Flügel tragen.

Fabian: Wie denn?

Sauerkrautfrau: Schwer zu sagen. Wie eine große Umarmung, in der man sich geborgen fühlt und in der man sich trotzdem frei bewegen kann. Also, das, was ich mir da vorstelle, das gibt's auf Erden natürlich nicht. Wenn sie dich hier umarmen, halten sie dich fest…

Fabian: Beten Sie?

Sauerkrautfrau: Beten, hm… Na, vielleicht am Abend, wenn ich nicht zu müde bin. Da bet ich ein Vaterunser. Aber untertags unterhalt ich mich oft mit dem lieben Gott.

Zum Beispiel beim Krauthobeln. Da sag ich: ›Komm, tun wir hobeln. So ein schönes Kraut. Und so gesund. Das war wirklich eine feine Idee von dir, das Kraut.‹

Fabian: Wie stellen Sie sich Gott vor?
Hausmeister: Gar nicht. Ich beschäftige mich nur mit Dingen, die ich sehen kann. Zum Beispiel mit diesen Dreckspuren auf den Treppen. Warum, zum Kuckuck, kannst du dir die Stiefel nicht abstreifen?
Fabian: Entschuldigung. Mach ich schnell ... Dann stellen Sie sich wahrscheinlich auch den Himmel nicht vor?
Hausmeister: Himmel ist für mich der Weltenraum, in den diese Trottel ihre Raketen schicken, statt das Geld für was Vernünftiges auszugeben.

Fabian: Beten Sie manchmal, Frau Winkler?
Frau Winkler: Wieso manchmal? Oft! Ich hab ja Zeit.
Fabian: Wie stellen Sie sich Gott vor?
Frau Winkler: Gar nicht. Den kann sich keiner vorstellen. Jesus, ja, den schon. Aber Gott? Also, auf keinen Fall als alten Mann mit Bart, wie er auf manchen Bildern gezeichnet ist. So ein Blödsinn. Wie ich ein Kind war, haben sie uns überhaupt viel Blödsinn erzählt. Wenn's gedonnert hat, haben sie gesagt: Der Himmelvater schimpft.
Fabian: Wie stellen Sie sich den Himmel vor?
Frau Winkler: Als fröhliche Gesellschaft von Leuten, die voreinander Respekt haben. In der Schule, da hab ich einen Religionslehrer gehabt, der hat uns gefragt: Wer kommt in den Himmel? Na, da haben wir eben herumgeraten ... Und er hat gesagt: Ganz einfach! In den Himmel kommt, wer einen andern mitnimmt!

Fabian: Wie stellen Sie sich Gott vor?

Tills Mutter: Gott? Du meinst den lieben Gott? Also – naja – wie einen Freund, der einen so mag, wie man ist. Das heißt, so wünsch ich mir den lieben Gott. Er müsste alles in einem sein: Freund und Freundin, Vater und Mutter. Oh, ich wäre sehr anspruchsvoll, was den lieben Gott betrifft. Unglaublich anspruchsvoll.

Fabian: Und wie stellen Sie sich den Himmel vor?

Tills Mutter: Keine Ahnung. Wenn ich beim lieben Gott wäre, und er wäre so, wie ich ihn mir wünsche, dann wär mir egal, wie der Himmel ist. Tja ... Der Himmel ist bestimmt eine Art Leben, wo keiner den andern beißt und keiner den andern ausnützt. Und keiner muss sich mehr über sich selber ärgern und sich denken: ›Ich bin ja nichts. Wozu gibt's mich eigentlich. Ist ja alles sinnlos ...‹ Im Himmel heißt es: ›Schön, dass es dich gibt, meine Liebe, was täten wir ohne dich!‹ – So, und jetzt versuch diesen Kuchen, er ist nur gekauft, nicht selbstgemacht.

Fabian: Ich mach gerade eine Umfrage. Darf ich Sie was fragen?

Stadtstreicher (mit vollem Mund): Mm.

Fabian: Ja?

Stadtstreicher: Nur zu, junger Chef.

Fabian: Wie stellen Sie sich Gott vor?

Stadtstreicher: Gott? Ach so, du meinst den Herrgott. Also, das ist der, der einmal alles in Ordnung bringen wird. Ohne Polizei und ohne Ausweise und ohne Herumfragerei. Weil der dir ins Herz schaut und nicht auf deinen speckigen Mantel.

Fabian: Wie stellen Sie sich den Himmel vor?

Stadtstreicher: Weiß nicht. Jedenfalls geheizt. Keine zugigen Ecken. Und du kannst von dort nicht rausgeworfen werden. Und du hast auch nicht dauernd Durst. Sondern du kriegst ein Glas, man sagt dir ›Prost, sollst leben!‹, und du fühlst dich schon beim ersten Schluck wie ein Mensch. (lacht) Weißt du, den Herrgott kann ich mir natürlich nicht vorstellen. Aber die Engel, die hätten eine Ähnlichkeit mit deinem Opa!

Opa Mario hat aufmerksam zugehört. Er schaut Fabian an und fragt: »Kannst du dir Gott jetzt besser vorstellen?«

»N-nein«, sagt Fabian. »Du?«

»Ich auch nicht«, sagt Opa Mario. »Aber diese Menschen, die kann ich mir nun besser vorstellen. Und ich fange an zu verstehen, dass Gott sie wirklich alle liebt.«

Fabian schreibt einen Brief

»Ich möchte, dass der Onkel Peter zu meiner Erstkommunion kommt«, sagt Fabian zur Oma. »Er ist doch
mein Taufpate. Bei der letzten Kindermesse waren von
vielen Kindern die Taufpaten da, nur vom Till und von
mir nicht.«

»Schreib ihm«, rät die Oma. »Lade ihn ein!«

Fabian setzt sich an Omas Computer und tippt:

»Lieber Onkel Peter,

Ende April habe ich meine Erstkommunion. Ich weiß
schon, was das heißt, Kommunion. Nämlich Gemeinschaft. Die Gerti, das ist unsere Tischmutter im Kurs, hat
uns das erklärt. Sie ist sehr nett, ziemlich dick und ziemlich friedlich. Also Gemeinschaft mit Gott und den Menschen. Darum hätte ich gern, dass du dabei bist. Es ist
nicht wegen einem Geschenk, sondern wegen der Gemeinschaft.

Gerti sagt, Gott hat alle Menschen zur Kommunion eingeladen. Das heißt, du bist doppelt eingeladen, einmal von
mir und einmal vom lieben Gott. Und die Oma und die
Mama und der Papa täten sich auch freuen. Auch der Opa
Mario und die Anna, die du noch gar nicht kennst.

Das genaue Datum schreibt dir noch die Oma.

Lieber Onkel, komm bestimmt.

Es grüßt dich herzlich dein liebes Patenkind«

Fabian ruft seine Oma zum Computer. Er zeigt auf den
Bildschirm. »Kann man den Brief so lassen?«

»Ja«, sagt die Oma. Fabian klickt auf »Drucken«. Er schaut
zu, wie sich der Brief langsam aus dem summenden
Drucker herausschiebt.

»Oma, warum besucht uns der Onkel Peter nie?«

»Weil er Hemmungen hat«, sagt die Oma. »Weil er sich schämt, dass er keine Arbeit und kein Glück im Leben hat. Weil er sich schlechter vorkommt als dein Papa und deine Mama.«

»Du schickst ihm manchmal Geld, nicht wahr?«

»Wieso weißt du das?«

»Weil der Papa vor Weihnachten zur Mama gesagt hat: ›Die arme Oma, immer noch muss sie dem Peter Geld schicken.‹«

»Ich bin deshalb nicht arm«, sagt die Oma. »Ich bin froh, dass ich ihm helfen kann.«

Fabian nimmt einen Kuli und schreibt seinen Namen unter die letzte Zeile. »Die Mama hat dem Onkel Peter auch was geschickt, vor Weihnachten«, sagt er. »Ein Paket mit Kaffee und Schokolade und italienischen Nudeln. Ich war mit ihr auf der Post. Aber dem Papa haben wir nichts davon erzählt. Die Mama hat gemeint, er hat den Kopf vom Büro voll genug.«

Kenan und die Honigbonbons

Noch während der Mathematikstunde macht Fabian seine Frühstücksdose auf. Nicht aus Hunger, sondern aus Neugier. Was hat ihm die Mama für die große Pause eingepackt? Ein Käsebrot, zwei Karotten, einen Apfel.

Fabian freut sich. Ein halbes Käsebrot wird er bei Martin gegen ein halbes Schinkenbrot eintauschen, eine Karotte bei Kenan gegen ein Honigbonbon, und wenn er Tina von seinem Apfel abbeißen lässt, gibt sie ihm eine Spalte von ihrer Orange. Frühstücktauschen gehört zu den spannendsten Dingen an so einem Schulvormittag.

»Große Pause!«, sagt Frau Jansen und schmunzelt. Sie tut sogar manchmal mit beim Tauschen: Sie bietet Nüsse und Gurkenscheiben gegen Bonbons.

Das süße Zeug schleckt sie nicht selber, sie hebt es in einer gläsernen Dose auf, für »besondere Gelegenheiten«.

Fabian teilt sein Käsebrot und gibt Acht, ob Martin sein Schinkenbrot gerecht teilt. Martin legt Fabians Käsebrothälften auf sein Schinkenbrot, nickt zufrieden und bricht das Brot. Kenan löffelt seinen Jogurtbecher zur Hälfte aus, dann tauscht er den Rest gegen Tinas halbe Orange.

Fabian schiebt Kenan eine Karotte hin. »Gib mir ein Honigbonbon!«

»Mir auch«, sagt Gabriel und streckt Kenan einen Käsecracker hin.

»Leider«, sagt Kenan, »leider hab ich keine mit!«

Gabriel will es nicht glauben. »Du hast doch immer welche mit?«

»Ja, aber heute nicht. Ab heute nicht mehr.«

»Ist das auch wirklich wahr?«, fragt Gabriel. »Vielleicht hast du sie alle auf dem Schulweg genascht?«

Kenan ärgert sich. »Es ist wahr! Ich schwindle nicht.«

»Warum bist du dann so rot im Gesicht?«

Alle schauen Kenan an. Sein Gesicht ist dunkler als sonst. Seine Augen blitzen. Er schreit: »Schaut mich nicht so blöd an! Ich habe keine Honigbonbons mit, ich werde vielleicht lange keine mithaben, drei oder vier Wochen nicht!«

»Hat der Zahnarzt sie dir verboten?«, fragt Till. »Mir will er sie immer ausreden, der!«

Kenan schüttelt den Kopf.

Tina flüstert Gabriel zu: »Vielleicht müssen sie sparen. Viele Gastarbeiterfamilien müssen sparen.«

Gabriel legt den Käsecracker vor Kenan auf den Tisch. »Da, kriegst ihn auch ohne Bonbon.«

»Behalte deinen blöden Cracker!«, sagt Kenan. »Meine Eltern geben mir eine ganze Schachtel, wenn ich will!«

Nun ist Gabriel beleidigt. »Du spinnst ja total!«

Fabian denkt nach, während er Tinas Orangenspalte kaut. »Es ist nicht der Zahnarzt, es ist nicht das Sparen«, sagt er friedlich. »Es ist der Ramadan. Hab ich Recht, Kenan?«

Kenan wird noch dunkler im Gesicht. »Lasst mich doch in Ruhe! Ramadan geht euch nichts an.«

»Mir ist es erst jetzt wieder eingefallen«, sagt Fabian. »Ich weiß es von Ahmed. Seine Mutter arbeitet in der Pizzeria von Opa Mario. Ahmed und seine Familie sind auch Muslims. Die haben jetzt ihre Fastenzeit. Den ganzen Monat Ramadan. Sie essen und trinken nichts von der Morgendämmerung bis zum Sonnenuntergang. Erst wenn es finster geworden ist, haben sie ihre Mahlzeit.«

Gabriel schaut Kenan an. »Ist das bei euch auch so?«

Kenan nickt.

»Warum erzählst du uns das nicht?«, fragt Till. »Das ist doch spannend.«

Kenan hebt die Schultern.

»Ich habe gedacht, ihr lacht schon wieder. So wie damals, wie ich euch erzählt habe, dass ein Muslim sich vor jedem Gebet Gesicht und Arme und Füsse wäscht. Da hat sich der Gabriel zerkugelt, und wenn nicht der Fabian zu mir gehalten hätte, weil er uns einmal beim Beten zugeschaut hat –«

»Vergiss es!«, brummt Gabriel. »Erzähl lieber, wie das geht

bei eurem Fasten. Wieso darfst du Jogurt und Brot und Orangen essen?«

»Nur die Erwachsenen fasten«, sagt Kenan. »Ich hätte diesmal gern mitgetan, aber sie lassen mich nicht, ich bin noch zu jung. Das hat mich geärgert. Ich bin groß genug!, hab ich ihnen gesagt. Da hat die Mutter gemeint, ich könnte im Ramadan das Naschen sein lassen. Keine Bonbons, keine Schokolade, keine Gummibärchen. Als Versuch, ob ich schon ein bisschen fasten kann.«

»Na danke«, sagt Till. »Vier Wochen keine Bonbons. Und deine Eltern dürfen nur in der Nacht essen. Wozu soll das eigentlich gut sein?«

»Oh, das interessiert mich auch!«, sagt Frau Jansen. »Lasst mich bitte zuhören! Warum fasten die Muslime?«

»Erstens, damit wir den armen Leuten – also den noch ärmeren«, sagt Kenan, »also damit wir denen das ersparte Geld geben können. Und zweitens: Damit wir verstehen lernen, wie gut Allah für uns Menschen sorgt. Das ist der Hauptgrund für das Fasten. Das ganze Jahr über gibt uns Gott zu essen, dafür muss man dankbar sein.«

»Bei uns im Kommunionkurs«, sagt Tina zu Kenan, »sparen wir auch. Wir kaufen eine Weile keine Comichefte. Für das ersparte Geld kaufen wir nach Ostern Schulhefte und Bleistifte für Kinder in Bangladesh. Aber so streng wie bei euch fastet bei uns Christen, glaub ich, keiner. Höchstens am Karfreitag vor Ostern!«

»Und wie geht die Fastenzeit bei Muslimen zu Ende?«, fragt Frau Jansen.

Kenan lacht. »Mit dem Zuckerfest! Die Kinder bekommen Geschenke und viele süße Sachen. Davon bring ich euch dann was mit, ja?«

Fabian schlägt Kenan auf die Schulter. »Abgemacht! Und von mir kriegst du ein Osterei. – Wie ist das jetzt mit deinem Brot? Tauschst du das halbe gegen eine Karotte?«

»Ja, gern«, sagt Kenan und schielt zu Frau Jansen hin. Ist die Pause nicht schon längst vorbei? Frau Jansen teilt Zeichenblätter aus. Dass Kenan noch lange an seiner Karotte knabbert, stört sie nicht.

Das Faschingsfest

»Können wir nicht ein Faschingsfest machen?«, sagt Gabriel zur Frau Jansen. »Überall gibt es Faschingsfeste, bei der Tina zu Hause, aber da war ich nicht, beim Martin, aber da war ich auch nicht, denn diese blöden Kurskinder laden nur Kurskinder ein, und sogar im Erstkommunionkurs haben sie ein Fest gehabt, das weiß ich vom Till, dem hab ich nämlich mein Batmankostüm vom vorigen Jahr geliehen.«

Fabian hat zugehört, und ihm wird ungemütlich heiß. Es stimmt nicht, dass die Kurskinder nur Kurskinder einladen. Tina hat auch Ahmed und Kenan eingeladen. Aber es stimmt, dass keiner den Gabriel eingeladen hat.

»Ein Faschingsfest in der Klasse wäre schön«, sagt er laut.

»Jetzt haben wir Kasperltheater und Musikfest gehabt«, sagt Frau Jansen. »Ein Fest jagt das andere – aber gut, wenn ihr mir versprecht, dass ihr vor- und nachher doppelt so fleißig seid –«

»Sind wir! Sind wir!«, rufen die Kinder.

Fabian verkleidet sich als Ritter, Till als Drache, Tina als Prinzessin. So können sie beim Fest gleich ein kleines Stück aufführen: Ritter und Drache kämpfen um die Prinzessin, denn beide lieben sie. Aber die Prinzessin, die an und für sich nichts gegen Drachen hat, wünscht eine friedliche Entscheidung. Sie wird demjenigen die Hand reichen, der mehr Rätsel für sie weiß. Denn Rätselraten ist ihre liebste Beschäftigung. Ritter und Drache müssen also durch die bunte Gesellschaft wandern und Rätsel sammeln. So können alle übrigen Kinder mitspielen.

Martin hat sich als Wahrsager verkleidet. Vor seinem Bauch hängt eine Schachtel mit zusammengerollten Zetteln. Wer will, nimmt einen Zettel heraus, rollt ihn auf und liest, was ihm angeblich bevorsteht: »Vorsicht, in Ihrem nächsten Hamburger wird eine Maus eingebacken sein!« Oder: »Die große Liebe wird Ihnen in der Gestalt einer dunkelhaarigen Rätselfreundin begegnen!«

Kenan kommt als Geschichtenerzähler aus dem Morgenland, er hat sich in ein Leintuch gewickelt und ein Tuch um den Kopf gebunden. Gabriel trägt ein Astronautenkostüm. Er sagt zu Gabriel: »Wenn du ein Geschichtenerzähler aus dem Morgenland sein willst, musst du auch Geschichten erzählen können!«

»Kann ich ja«, antwortet Kenan.

»Aber aus dem Morgenland!«

»Klar, warum nicht?«

»Geh, gib nicht so an!«

Frau Jansen fragt: »Möchtest du uns eine Geschichte aus dem Morgenland erzählen, Kenan? Ja? Fein, dann setzen wir uns alle im Kreis und hören dir zu.«

Jedes Kind macht es sich mit einem Becher Saft gemütlich.

Kenan sagt mit feierlicher Stimme: »Was ich nun erzähle, hat sich der weise Dschalad Ad Din Rumi ausgedacht, es ist ein Gedicht, aber ich habe eine Geschichte daraus gemacht. Hört zu!«

Er klatscht dreimal in die Hände, und als es im Klassenzimmer ganz still ist, fängt er zu erzählen an:

»Es war einmal ein Mensch, der wollte ins Paradies zu seinem Freund Allah. Er kam zum Tor des Freundes und klopfte an.« Kenan klopft mit den Fingerknöcheln auf den Fußboden. »Der Freund rief von innen: ›Wer klopft?‹ – ›Ich bin's‹, rief der Mensch. – ›Ach, guter Freund, geh fort!‹, war die Antwort. ›Rohes Fleisch kommt nicht auf die Tafel des Königs.‹

Rohes Fleisch, so nennt der Dichter Rumi diejenigen Menschen, die noch keine wirkliche Sehnsucht nach Gott haben. Sie sind noch nicht reif für seine Freundschaft. – Also, dieser Mensch ist fortgeschickt worden und ist weiter auf Reisen gegangen, auf die Reise des Lebens. Bis sein Herz Funken gefangen hat. Funken des Liebesfeuers. Dieses Feuer hat ihn zart und weich gekocht. Und dann ist er wieder an das Tor gekommen. Ganz leise und bescheiden hat er angeklopft.« Kenan pocht mit den Fingerspitzen behutsam auf den Boden. Kaum, dass man es hört. »›Wer klopft?‹, rief der Freund von innen. – ›Du bist's‹, rief der Mensch. ›Du bist's, der noch einmal vor dem Tor steht.‹ – ›Komm herein, mein Lieber‹, rief die Stimme. ›Meine Kammer ist zwar für zwei zu eng, aber da du ich bist, ist Platz im Zimmer und auch am Tisch.‹«

Die Kinder schauen Kenan erstaunt an.

»Und?«, fragt Gabriel. »Und?«

Kenan breitet die Arme aus.

»Das, liebe Zuhörer, war die Geschichte vom großen Rumi, wie die beiden Freunde, Gott und Mensch, eins geworden sind.«

Gabriel ärgert sich.

»Kaum halten einmal die Kurskinder den Mund, fängt der da mit seinen blöden Geschichten an. Er verdirbt uns das ganze Fest.«

»Es war eine wunderschöne, aber schwierige Geschichte«, sagt Frau Jansen. »Eine Geschichte, über die man lang nachdenken muss.«

»Ich will nicht über Gott nachdenken!«, brüllt Gabriel. »Ich will mir nicht über euren blöden Scheiß den Kopf zerbrechen, mein Papa sagt, das brauch ich nicht! Ihr seid ja alle –«

Weiter kommt er nicht. Der Märchenerzähler, der Ritter, der Drache, ja sogar der Wahrsager und die liebliche Prinzessin kreisen Gabriel ein. Hände schießen vor, packen das Astronautengewand, eine Faust landet auf Gabriels Nase.

»Auseinander!«, ruft Frau Jansen. Sie muss Gabriel erst aus

112

den« zornigen Händen befreien. »Hab ich euch nicht gesagt, dass es in meiner Klasse friedlich zugehen soll? Wer hat Gabriel auf die Nase geschlagen?«

»Ich«, sagen Fabian, Till und Kenan wie aus einem Mund. Die Kinder lachen.

»Ihr seid gemein«, sagt Gabriel.

»Du bist frech«, sagt Tina. »Fängst da wild zu schimpfen an und beleidigst uns!«

»Er hat angefangen«, sagt Gabriel und zeigt auf Kenan. »Er hat extra diese hirnverbrannte Geschichte erzählt, um mich zu ärgern!«

»Schade um unser Fest!«, sagt Frau Jansen. »Wollen wir Schluss damit machen und die Mathematikbücher herausnehmen, oder wollt ihr versuchen, friedlich weiterzufeiern?«

»Weiterfeiern!«, rufen ein paar Kinder.

Sie spielen »Stille Post« und »Meine Tante Ida«, aber es kommt keine rechte Stimmung mehr auf.

Die Geschichte von den Kindern im Tempel,

wie Opa Mario sie erzählt

Zur Zeit Jesu lebten in Jerusalem zwei kleine Jungen, Alexander und Rufus, mit ihrem Vater Simon. Der stammte aus Zyrene in Nordafrika und war mit seiner Familie nach Jerusalem übersiedelt. Wie viele andere Juden hatte er seinen Söhnen griechische Namen gegeben, das war damals Mode – ja, Rufus war sogar ein römischer Name, aber der Vater sprach ihn griechisch aus. Stellen wir uns vor, dass Alexander und Rufus schon alt genug waren,

sagen wir acht oder neun Jahre, jedenfalls groß genug, um allein vor das Stadttor zu laufen. Freilich machte sich ihre Mutter Sorgen: »Bei diesem Wirbel! Wo einer dem anderen auf die Zehen steigt! Bleibt wenigstens immer zusammen, damit ihr mir nicht verloren geht in all den Pilgermassen!«

Denn zu den großen Festen im Tempel von Jerusalem kamen Juden von überall her, auch die, die im Ausland wohnten. Fröhlich und feierlich gestimmt pilgerten sie in ihre heilige Stadt. Gasthöfe und Privatquartiere waren voll belegt. Auch in den Dörfern rund um Jerusalem übernachteten die Wallfahrer.

Ich glaube, Alexander und Rufus fanden es spannend, den langen Reihen der Menschen zuzusehen, wie sie betend und singend in Jerusalem einzogen. Und schon wieder kam eine große Schar vom Ölberg herüber, Männer, Frauen und Kinder. Sie sangen und jubelten laut. Aber etwas war anders, war ungewohnt an diesem Pilgerzug. Die Leute hielten Zweige von Ölbäumen in den Händen, schwenkten sie hin und her und winkten damit. Sie streuten die Zweige auf den Boden, und manche rissen sich die Mäntel von den Schultern und breiteten sie auf den staubigen Weg. Über diesen Weg, der so festlich geschmückt war, ritt ein Mann auf einem Esel. Und nun verstanden die beiden Jungen auch die Worte, die die Menschen immer wieder schrien. Es war keines der üblichen Tempellieder, sondern ein besonderer Lobruf, der dem Mann auf dem Esel galt:

»Hosanna dem Sohn Davids!

Hochgelobt sei, der da kommt im Namen des Herrn!

Hosanna in der Höhe!«

›Hosanna‹ heißt ›Lob und Heil‹, und Alexander und Rufus wussten auch, was die Anrede »Sohn Davids« bedeutete. Ihr Vater hatte es ihnen oft erklärt. Gott hatte dem Volk der Juden einen Retter, einen Erlöser versprochen. »Messias« lautete die Bezeichnung in ihrer Sprache. Und dieser Messias sollte ein Nachkomme des Königs David sein, der vor langer Zeit die Stadt Jerusalem für sein Volk erobert hatte. Vater Simon hatte mit seiner Familie oft um das Kommen des Erlösers gebetet, so wie alle Juden darum beteten: »Tauet, Himmel, den Gerechten! Wolken, regnet ihn herab!« Die Propheten hatten vorausgesagt, auf welche Weise der Erlöser einst in Jerusalem einziehen werde: nicht als Kriegskönig auf einem stolzen Pferd, sondern friedlich und bescheiden auf einem sanften Esel. Wenn nun die Pilger »Hosanna dem Sohn Davids« schrien, bedeutete das: Sie hielten den Mann auf dem Esel für den Messias!

Das regte die Menschen vor dem Stadttor gewaltig auf. Alexander und Rufus hörten, wie sie die Neuankömmlinge fragten: »He, wer ist denn der auf dem Esel?«

»Der Prophet Jesus«, antworteten sie. »Jesus aus Nazaret in Galiläa!«

Sie sagten nicht: der Messias. Aber das Wort »Prophet« war schon aufregend genug: ein Gesandter Gottes in Jerusalem, was würden die Hohenpriester dazu sagen, und die Römer, die fremde Besatzungsmacht? Einer rief es dem anderen zu, immer mehr Menschen liefen zusammen, und auch viele Bewohner Jerusalems stimmten ein in den Lobruf: »Hosanna! Hosanna!« Es war, als gehe ein Beben durch die Stadt!

Jesus stieg vom Esel und zog mit seinen Begleitern in den

Tempel ein. Alexander und Rufus fassten einander fest an den Händen und liefen hinterdrein. Sie kamen in den ersten Hof, den Vorhof der Heiden. Der hiess so, weil auch Angehörige anderer Religionen ihn besuchen konnten. Das Gedränge hier war unglaublich, ebenso der Lärm und das Geschrei. Das Geschrei kam aber nicht von den fremden heidnischen Besuchern, sondern von den jüdischen Händlern. Sie hatten im Vorhof der Heiden ihre Buden aufgestellt und verkauften Tauben in kleinen Käfigen. Tauben wurden im Tempel als Gabe armer Leute geopfert, die sich kein größeres Opfertier leisten konnten. Noch lauter als die Taubenverkäufer priesen die Geldwechsler ihre Dienste an. Bei ihnen konnten die Juden aus anderen Ländern ihr Geld umtauschen, dann bezahlten sie ihre Tempelsteuer in der dafür erlaubten Währung.

Auch die Kranken, die in diesem Hof saßen, die Blinden und die Verkrüppelten, redeten mit lauter Stimme. Denn sie mussten die Händler übertönen, wenn sie sich miteinander unterhalten wollten. Sie saßen gern hier, in der Nähe des Heiligtums. In das Innere des Tempels durften sie nicht, das war eine strenge Bestimmung seit der Zeit König Davids. Nur erwachsene, gesunde jüdische Männer waren zum Gottesdienst zugelassen, keine Frauen, keine Kinder, keine Lahmen und Blinden.

Alexander und Rufus waren mit ihren Eltern schon ein paarmal im Vorhof der Heiden gewesen. Sie schoben sich hinter Jesus und seinen Jüngern her, sie wollten ihn im Gewühl nicht aus den Augen verlieren. Bis in den Vorhof der Frauen wollten sie ihn begleiten. Aber Jesus blieb mitten im ersten Vorhof stehen. Er tat den Mund auf und schrie vor Zorn auf. Noch nie hatten die Jungen jemanden so schreien gehört, es war wie Donner bei einem Gewitter. »Weg damit!«, schrie Jesus. »Schafft das fort, aber schnell!«

Alexander und Rufus sahen, wie Jesus auf die Tische der Geldwechsler losging.

Einen Tisch nach dem andern warf er um. Die Münzen rollten nach allen Seiten.

Dann stieß Jesus die Sessel der Taubenverkäufer um. Den Tauben in den Käfigen tat er nichts, aber er brüllte die Händler an: »Raus damit! Ihr wisst doch, was in den heiligen Schriften geschrieben steht: ›Mein Haus soll ein Haus des Gebetes sein.‹ Ihr aber macht es zur Räuberhöhle!«

»Aus dem Weg, Rufus!« Alexander riss seinen Bruder in den Schutz der Säulen. Denn nun rannten in großer Hast die Geldwechsler an ihnen vorbei. Jammernd schleppten sie ihre schweren Kassetten. Hinter ihnen kamen murrend und schimpfend die Taubenverkäufer, über und über bepackt mit Vogelkäfigen. Die Tauben schlugen mit den Flügeln ängstlich gegen die Stäbe, Federn flogen durch die Luft.

»Der traut sich was!«, sagte Rufus. »Haut die Händler einfach raus!«

»Was heißt trauen?! Der Messias hat doch die Macht von Gott«, sagte Alexander. »Komm, laufen wir zu ihm hinüber!«

Im Vorhof der Heiden war es nun ziemlich ruhig geworden. Die Pilger standen in kleinen Gruppen zusammen und flüsterten. Die beiden Jungen versuchten in Jesu Nähe zu gelangen, aber ganz nahe hin konnten sie nicht. Die Kranken hatten sich um den Mann aus Nazaret gedrängt. Die Jungen hörten sie bitten: »Hab Erbarmen mit

118

uns! Mach uns gesund, dann dürfen auch wir hinein ins Heiligtum!«

»Niemand ist vom Reich Gottes ausgeschlossen!«, rief Jesus und streckte die Hände aus. »Auch Lahme und Blinde gehören zu Gottes Familie!«

Da drehten die Blinden die Köpfe hin und her und schrien: »Ich sehe! Ich sehe!« Und die Lahmen warfen die Krücken weg und hüpften und sprangen, denn ihre Beine waren wieder gesund und stark.

»Ein Wunder!«, riefen die Leute, und wieder geriet der ganze Hof in Aufruhr.

Alexander und Rufus machten sich ganz klein und schmal und schlüpften zwischen den Erwachsenen durch. Auch andere Kinder waren so schlau. Sie krochen bis zu Jesus vor, bildeten einen Kreis um ihn und tanzten. Auch Alexander und Rufus tanzten mit und riefen, was sie vor dem Tor die Erwachsenen hatten rufen hören: »Hosanna dem Sohn Davids!« Nun sangen es alle Kinder: »Hosanna dem Sohn Davids! Hosanna! Hosanna!«

Aus dem Tempelinneren waren Priester und Lehrer herausgekommen. Sie hörten, was die Kinder sangen.

Alexander spürte auf einmal eine schwere Hand auf seiner Schulter. »Aufhören, sofort!«

Er drehte sich um und blickte in das Gesicht eines alten Mannes. Es war vor Empörung rot wie ein reifer Granatapfel. Der Mann trug das Priestergewand. Er rief Jesus zu: »Hörst du nicht, was die da sagen? ›Hosanna dem Sohn Davids‹ rufen sie dir zu!«

»Ich höre es«, sagte Jesus ruhig.

»Dann tu was dagegen!«, schrien die Priester.

Jesus antwortete: »Habt ihr noch nie das heilige Lied gelesen, in dem es heißt: Aus dem Mund der Kinder hast rechtes Lob du dir bereitet, deinen Gegnern zum Trotz?«

»Er nennt uns Gegner Gottes!«, zeterte einer der Priester. »Aber sich selber lässt er Sohn Davids nennen!«, keifte ein anderer.

Jesus drehte ihnen den Rücken und ließ sie stehen. Er lächelte den Kindern zu und sagte: »Ja, auch ihr gehört zum Reich Gottes!«

Dann ging er über den Hof, in dem keine Tische und keine Händler mehr waren, und zum Tor hinaus. Seine Freunde und Jünger folgten ihm.

Die Priester warfen einander Blicke zu. »Den müssen wir loswerden!«, murrte einer. »Den sollte man festnehmen!« »Ja, aber nicht hier, die Leute mögen ihn«, sagte ein anderer warnend.

Alexander und Rufus hörten das aufgeregte Murmeln der Festpilger. Ja, die würden wohl kaum erlauben, dass irgendeiner dem Messias etwas zu Leide tat. Sie hatten doch mit eigenen Augen gesehen, welche Macht er besaß! Blinde und Verkrüppelte hatte er gesund gemacht!

Hand in Hand liefen Alexander und Rufus aus dem Tempelhof. Sie wollten so schnell wie möglich ihrem Vater erzählen, was sie erlebt hatten.

Beichten

»Weil wir«, sagt Gerti zu den Kindern, »zu Beginn der Fastenzeit unser Versöhnungs- und Beichtfest feiern, wollen wir uns jetzt mit der Beichte beschäftigen. Wenn wir unsere Sünden bekennen, sagt uns der Priester im Namen Gottes die Vergebung und Versöhnung zu.«

»Ich glaube, da tu ich nicht mit«, erklärt Jakob.

»Warum?«, fragt Gerti. »Keiner braucht sich vor der Beichte zu fürchten. Es ist schön für den Menschen, wenn er weiß, dass Gott ihm die Schuld vergeben hat. Und nach der Beichte feiern wir. Ich backe Kuchen, und jedes von euch bekommt von mir eine Kerze, die ich extra für euch gebastelt habe. Die Mut- und Versöhnungskerze. Die soll euch auch später, wenn euch einmal das Herz schwer sein sollte, daran erinnern: Ich kann mich mit Gott und den Menschen versöhnen.«

»Die Kerze nehme ich, das ist eine liebe Idee von dir«, sagt Jakob. »Aber in das Beichtzimmer da drüben in der Kirche gehe ich nicht. Ich mache es wie meine Mama. Das geht viel einfacher – so, wie sie es macht.«

»Was macht sie denn?«, erkundigt sich Gerti.

»Sie duscht!«

»Wie bitte?«, fragt Gerti.

»Na, sie duscht! Gold und Lila! Und alles Schlechte fließt weg von ihr!«

Gerti hat kugelrunde Augen vor Staunen. Auch die Kinder werden neugierig. »Geh, erzähl, wie das geht!«

Jakob freut sich, dass die Kurskinder auch einmal von ihm etwas wissen wollen. »Wenn's der Mama schwer ums Herz ist, weil es einen Krach gegeben hat oder so, oder weil sie Mist gebaut hat, dann geht sie unter die Dusche. Sie stellt sich vor, dass das Wasser Farben hat, Gold und Lila, und dieses goldlila Wasser fließt über sie und nimmt alles, was nicht gut war, von ihr weg. Nicht nur aus ihrem Körper, sondern auch aus ihren Gedanken.«

»Ich bin baff. Das funktioniert?«, fragt Gina.

»Bei meiner Mama schon«, sagt Jakob vorsichtig.

»Warum gerade Gold und Lila?«, fragt Martin.

Jakob zuckt die Schultern. »Die Farben, glaube ich, bedeuten was. Wenn die Mama Kopfweh hat, duscht sie grün. Und wenn sie am Abend müde ist und der Papa trotzdem mit ihr ausgehen will, nimmt sie Rot.«

»Woher weißt du das?«, fragt Fabian.

»Weil sie's uns sagt. Der Papa muss manchmal lachen und schreit ins Badezimmer: Schatz, welche Farbe ist dran? Und sie ruft: Rot!«

Gerti schüttelt den Kopf. »Ich kann mir nicht vorstellen, dass das so hilft und wirkt wie –«

»Probier's doch aus!«, meint Till. »Meine Mama macht etwas Ähnliches. Sie streut Meersalz in die Badewanne. Sie sagt, das nimmt alles Schwere aus ihr fort. Nicht nur Rückenschmerzen, sondern auch Ärger. Sie sagt, sie spürt direkt, wie der Ärger wegfließt.«

»Ärger, na gut«, sagt Gerti. »Aber bei der Beichte wird uns das Böse vergeben, das wir anderen angetan haben, und wir bekommen auch Verzeihung für die vielen ungenützten Möglichkeiten zum Gut- und Freundlichsein. Auch deine Mama, Jakob, wird wissen, dass man sich im Leben manchmal versöhnen muss.«

»Weiß sie«, sagt Jakob stolz. »In diesem Punkt ist sie gar nicht stur. Sie sagt zu uns: ›Hoppla, da war ich aber daneben, ich entschuldige mich feierlich, mögt ihr mich noch?‹ Dann müssen wir meistens schmunzeln, der Papa und ich, und dann umarmen wir sie.«

»Das finde ich sehr wichtig, was du da erzählt hast«, sagt Gerti. »Das Miteinander-Reden und das Umarmen.«

Jakob nickt. »Ja, und das schafft die Mama so toll, weil sie vorher lilagold geduscht hat.«

Gerti seufzt. »Also, ich werde unseren Herrn Pfarrer bitten, dass er selber euch noch einmal zur Beichte einlädt. Und jetzt überlegen wir, was Jesus zu unserem Leben sagen würde. Was ihm gut gefällt und was ihm nicht gefällt. So eine Überlegung nennen wir Gewissenserforschung.«

So eine Gewissenserforschung, denkt Fabian, gelingt nicht gleich beim ersten Mal. Er ist froh, dass es Till ähnlich ergeht. »Ich bin schon ganz durcheinander«, sagt Till zu Fabian. »Ich habe mit meiner Mama eine Liste aller Sünden aufgeschrieben, obwohl die Gerti gemeint hat, das brauchen wir nicht. Aber wenn ich die Liste aufsagen will, klingt alles so komisch und fremd… Könnten wir nicht miteinander Gewissen erforschen?«

»Doch. Aber nicht bei mir zu Hause, ich meine, in unserer Wohnung. Treffen wir uns oben beim Opa Mario. Dort, am Küchentisch, kann ich immer am besten nachdenken.«

Opa Mario kocht für Till und Fabian roten Beerentee mit Kandiszucker und stellt ihnen eine Schale voller Nüsse auf den Tisch. Dann packt er seine Bücher zusammen und will ins Wohnzimmer hinübergehen.

»Du brauchst nicht unseretwegen abzuhauen«, sagt Fabian.

»Sie stören uns nicht«, sagt Till. »Wäre sogar ganz gut, wenn Sie in der Nähe bleiben, falls wir nicht weiter wissen.«

»Gut«, sagt Opa Mario, »ich kann ja die Tür offen lassen.«
Till legt ein großes Blatt Papier auf den Tisch. Er zeichnet zwei Kreise, in die er »Till« und »Fabian« schreibt. »So, das sind wir. Und jetzt schreiben wir rundherum, was Jesus gefallen würde bei uns und was nicht. Für das Gute und Schöne nehmen wir Rot oder Grün und für den Mist nehmen wir Schwarz, ja?«
Fabian ist einverstanden. Er schreibt mit Rot: Freundschaft mit Till.

Till lacht. Er zeichnet einen roten Strich von seinem Kreis zu Fabians Kreis. »Voriges Jahr, da war das noch anders, gelt?«

»Ja, da haben wir uns erst nicht leiden können.«

Die roten und grünen Strahlen wachsen schnell aus jedem Kreis: so viele Freunde! Das würde Jesus auch Freude machen!

»Den Jakob, nehmen wir den auch in Rot?«, fragt Fabian.

»Aber ja. Warum nicht?«

»Es ist wegen der versäumten Gelegenheiten. Manchmal denk ich mir, der braucht was von uns, aber ich weiß nicht genau, was!«

»Stimmt«, murmelt Till. »Nach dem letzten Mal hat er mir gesagt: ›Das mit dem Kurs, das find ich schon toll, wie wir spielen und reden. Aber mit Gott, da kenn ich mich noch immer nicht aus.‹«

Fabian zeichnet einen kleinen schwarzen Strich mit einem kleinen schwarzen Fragezeichen. »Manchmal haben wir ihn ausgelacht, weil er so blöd gefragt hat.«

Till zeichnet einen dicken schwarzen Strich und schreibt »Gabriel« daneben. Fabian sieht es und seufzt. »Ja, der Gabriel… Der Kenan wollte sogar, dass wir ihn gemeinsam bekehren, aber das ist uns nicht gelungen. Im Gegenteil. Wir haben den Gabriel sogar gehauen.«

»Und ich«, sagt Till, »ich hab ihm seit dem Faschingsfest immer ›Rohes Fleisch, rohes Fleisch‹ nachgerufen!«

»Ich weiß«, sagt Fabian. »Und ich hab mich jedesmal gefreut, wenn du ihm nachgeschrien hast. Also, das wird Jesus nicht gefallen haben.«

Dicke schwarze Striche!

Es kommen noch einige dazu: für Lügen, für Nichthelfen zu Hause, für Wegschauen, wenn einer was braucht.

Aber es gibt auch viele rote und grüne Strahlen: miteinander gespielt, miteinander gebastelt, miteinander die Frau Winkler besucht.

»Na, und dass die Oma wieder mit uns redet«, sagt Till und malt einen dicken rotgrünen Strahl. Der Strahl reicht bis zu Fabians Kreis hinüber und trifft dort den roten Strahl »Mit den Eltern und Anna Spaß gehabt«.

»Dein Papa hat da nämlich mitgeholfen«, sagt Till. »Bei der Weinlese damals.«

Als Opa Mario in die Küche kommt und Tee nachschenkt, findet er zwei sehr zufriedene Kinder.

»Schauen Sie, Herr Mario«, sagt Till. »Es ist alles in allem mehr rotgrün als schwarz.«

Verwundert guckt Opa Mario auf die Strahlenkreise. Dann versteht er.

»Praktischer als eine Sündenliste«, meint Fabian. »Weißt du was, Till? Erst gehst du mit diesem Zettel zur Beichte, und wenn du rauskommst, gibst du ihn mir, und ich gehe rein.« – »Machen wir«, verspricht Till.

Dass es ganz anders kommt, daran ist Anna schuld. Weil sie Grippe hat und auch Fabian damit ansteckt. Am Tag des Beicht- und Versöhnungsfestes liegt er mit hohem Fieber im Bett und heult.

»Jetzt nehmen sie mich nicht mit zur Erstkommunion!«

»Unsinn!«, ruft die Mama. »Bis zur Erstkommunion bist du lang wieder gesund.«

»Aber die Beichte«, schreit Fabian, »die Beichte!«

»Die holst du nächste Woche nach.«

»Allein? Ich will nicht allein.«

»Jetzt werde erst einmal gesund, dann reden wir weiter.«

Doch Fabian lässt sich nicht beruhigen. Die Mama ruft Opa Mario herbei. Ob er Fabian nicht ein bisschen vorlesen und ihn auf andere Gedanken bringen will?

126

»Hör auf, mir was vorzuquatschen«, krächzt Fabian und schnauft und hustet. »Allein gehe ich nicht zur Beichte. Tina hat mir versprochen, dass sie als Erste geht. Dann nickt sie uns zu, wenn alles okay war, und dann geht der Till mit unserem Zettel rein. Und nach ihm ich!«
»Vielleicht könnte der Till mit dir gehen«, sagt der Opa.
»Was, gleich noch einmal? Meinst du, dass der in den zwei Wochen so viele Sünden zusammenkriegt?«
»Nein – nein. Ich habe nur gemeint, dass er dich hinbegleitet und auf dich wartet.«
»Das ist nicht dasselbe«, schluchzt Fabian. »Nur mich hinbegleiten, das könntest du auch.«

Nach drei Tagen ist Anna quietschgesund und Fabian geht es schon besser, aber die Mama macht sich Sorgen um Opa Mario. »Vielleicht hat er sich beim Fabian angesteckt?«, sagt sie zur Oma. »So grau und müde, wie er ausschaut. Und so zerfahren, wenn man ihn anredet. Hat er Fieber? Kann er schlafen in der Nacht?«
»Er schläft nicht gut«, sagt die Oma. »Er wälzt sich hin und her und schwitzt.«
»Koch ihm den guten Brusttee!«
»Er hustet doch nicht... Nein, lass ihn nur. Es wird schon wieder werden. Etwas beschäftigt ihn, und er muss da durch. Allein.«

Als Fabian wieder auf den Beinen ist, scheint auch Opa Mario sich wieder gut zu fühlen. »Avanti!«, sagt er zu Fabian. »Los! Wir gehen beichten!«
»Nein«, murrt Fabian. »Erst wenn der Till oder die Tina –«
»Ich gehe vor dir«, sagt Opa Mario. »Wenn ich rauskom-

me und es war alles okay, dann nicke ich dir zu, und dann gehst du rein!«

Fabian schlüpft in seine Stiefel. »Du tust, als wäre das alles so einfach. Es ist aber meine allererste Beichte!«

»Für mich ist es die erste seit – na, seit ungefähr fünfzig Jahren.«

Opa Mario hat nicht vergessen, dass dieses Beicht- und Versöhnungsfest auch besonders gefeiert werden kann. Darum hat er bei seinem Freund und Konkurrenten Roberto einen Tisch für zwei Personen bestellt. Im Extrastübchen im Aussichtsturm auf dem Birkberg.

Nach der Beichte fährt er mit Fabian dorthin.

»Ich war schneller fertig als du«, sagt Fabian.

»Ja. Dabei hab ich mich bemüht, ganz schnell zu sprechen, damit du nicht so lange warten musst.«

Roberto umarmt Opa Mario. »Endlich wieder einmal! Du siehst prächtig aus! Du wirst immer jünger!«

»Ja, und deshalb bring mir ein Glas von deinem besten Rotwein! Und für den Fabian deine Birnen-Orangen-Mischung, von der du mir immer noch nicht das genaue Rezept verraten hast, alter Gauner du!«

»Sanddorn«, flüstert Roberto. »Ein Teelöffelchen pro Glas.«

Es wird ein ausführliches, gemütliches Essen, bei dem Opa Mario viel aus seiner Kinderzeit erzählt.

Am nächsten Kursnachmittag sagt Till zu Gerti: »Der Fabian war allein bei der Beichte. Hast du noch eine Kerze für ihn?«

»Natürlich! Da ist sie. Gefällt sie dir, Fabian?«

»Sehr schön hast du sie verziert«, sagt Fabian. »Mit der

128

Sonne und den Blumen und der Gießkanne. Aber ich brauche bitte zwei Kerzen. Schenkst du mir noch eine?«
»Fertig habe ich keine«, sagt Gerti. »Ich kann dir eine basteln. Was soll denn drauf sein?«
»Sonne und Meer und Fische und ein Schiff mit roten Segeln und ein Krug Wein, und darunter eine große Hand, die das alles hält. Kannst du das?«
Gerti lächelt, sie ist sehr schön mit diesem Lächeln. »Ich werde mich bemühen, Fabian.«

Die Gänseblümchentorte

Zu seinem Geburtstag darf Fabian wie jedes Jahr seine Freunde und Freundinnen einladen. »Sie sind aber mehr geworden«, sagt er zur Mama. »Das wird eine Drängerei an unserem Tisch!«

Mama bittet Opa Mario, ob die Geburtstagsjause an einem Montag in der Pizzeria stattfinden darf. Montags ist die Pizzeria für Gäste geschlossen.

»Va bene«, sagt Opa Mario. »Wie viele werden wir sein?«

Fabian zählt auf, wen er einladen will: Christa und Ahmed, Andi samt Zivi, die Kinder vom Kommunionkurs und von seiner Klasse noch Kenan und Gabriel.

»Was, den Gabriel auch?«, fragt die Mama. »Wenn das nur keine Rauferei gibt!«

»Ich rede vorher noch mit Till und Tina«, sagt Fabian. »Und mit Kenan. Damit es keine Rauferei gibt.«

Anna stellt sich vor Fabian. Sie stemmt die Arme in die Hüften. Ihre Augen funkeln. »Mich auch einladen!«

»Klar, dass du dabei bist! Sonst geht dem Till was ab bei dieser Jause.«

»Einladen!«, ruft Anna.

»Ich lade dich herzlich zu meiner Geburtstagsjause ein!«

Jetzt ist Anna zufrieden. »Ganz lieber Fabian ...«

»Meinst du das im Ernst?«, fragt Gabriel, als Fabian ihn einlädt.

»Montag um vier in der Pizzeria«, sagt Fabian. »Wenn du Lust und Zeit hast, komm!«

»Braucht ihr mich, damit ihr einen zum Ärgern habt?«, fragt Gabriel. »Mit euren Kursgeschichten?«

Fabian zählt innerlich bis Fünf – das hat ihm Tina geraten, für den Fall, dass Gabriel blöde Fragen stellt! – und sagt: »Schau, es kommt auch die Christa aus der 1c, meine Freundin vom Kindergarten her, und dann noch der Ahmed, der ist drei Jahre älter als wir. Und natürlich meine kleine Schwester, die wird uns die Ohren vollquietschen, das muss man eben aushalten.«

»Die Anna ist schon in Ordnung«, murmelt Gabriel.

»Ja, und der Andi, den hätt ich jetzt fast vergessen. Du kennst ihn, er sitzt im Rollstuhl und kann nicht sprechen. Aber er freut sich, wenn er eingeladen wird.«

»Klar, dass der sich freut«, sagt Gabriel. »Also dann Montag um vier.«

In der großen Pause merkt Fabian, wie Kenan und Tina, Till und Martin, Jakob und Gabriel die Köpfe zusammenstecken.

»Pst«, macht Tina, als Fabian näher kommt.

»Was ist los?«, fragt Fabian.

»Nichts. Absolut nichts. Und außerdem brauchst du nicht alles zu wissen«, brummt Martin.

Die spinnen, denkt Fabian. Auf einmal spinnen sie!

Opa Mario hat einen großen Tisch für die Kinder gedeckt. Und im Extrazimmer einen etwas kleineren für die Erwachsenen. Zwar hat die Mama gemeint, dass die Mütter ihre Kinder nur schnell abliefern und nicht zur Jause bleiben werden, aber das kann sich der Opa nicht vorstellen. »Aus meiner Pizzeria gleich wieder fortgehen, ohne ein Glas Wein mit mir zu trinken? Das hat noch niemand geschafft!«

Darum bereitet Opa Mario für die Erwachsenen warme Brötchen nach italienischem Rezept vor. Man kann den guten Wein ja nicht ohne Begleitung servieren! Einen winzigen Happen mag jeder noch so eilige Mensch, und etwas Warmes bei diesem kühlen Wetter wärmt auch die Seele. »Denn der Frühling übt erst«, sagt Opa Mario.
»Ich wollte nur nicht, dass du schon wieder Arbeit hast an deinem freien Tag«, sagt die Mama. Die Kuchen für die Kinder hat sie gemeinsam mit Fabian gebacken.

Opa Mario behält Recht: Drei Mütter, zwei Omas und Christas Großvater nehmen dankbar die Einladung zu warmen Brötchen an. Gabriels Mutter entschuldigt sich, dass sie nicht bleiben kann. Sie hat noch einen Geschäftstermin, leiderleider. Der Zivi setzt sich neben Andis Rollstuhl zu den Kindern. Eigentlich sollten beide noch in Omas Klasse sein, aber die Oma hat ein Auge zugedrückt und Andi den Nachmittag freigegeben. Dass der Zivi seine Gitarre mitgebracht hat und das Kuchenessen musikalisch untermalt, ist sein Geschenk für Fabian.
Anna klettert auf Tills Schoß und ist von nun an rundum glücklich. Christa überreicht Fabian ein selbstgemaltes Lesezeichen. Jakob hat für Fabian einen Kartoffel-Igel gemacht. Auf den Zahnstocherstacheln stecken kleine Papierröllchen. »Lauter gute Wünsche!« Ahmed hat seine Flöte mitgenommen. Er bläst ein kleines Geburtstagsständchen für Fabian. Gina schenkt Fabian eine schön gemusterte Feder. »Von einem Eichelhäher!«
»Danke«, sagt Fabian. »Danke, danke, danke!«
Till zwinkert Gabriel zu. Gabriel stellt schnell eine große runde Schachtel auf den Tisch.

»Fabian, jetzt gib Acht!« Feierlich hebt Tina den Deckel
ab. Zum Vorschein kommt eine Torte. Statt mit Schoko-
ladenstreusel oder bunten Marzipanfiguren ist sie mit
Gänseblümchen geschmückt.
»Oh«, sagt Fabian überrascht. »Gänseblümchen!«
»Man kann sie essen«, sagt Kenan. »Der Gabriel hat die
Idee gehabt. Gestern Nachmittag haben wir die Gänseblümchen im Garten von Gabriels Oma gepflückt. Gemeinsam, der Till, der Martin, der Gabriel, die Tina und
ich. Es ist die Schulkollegentorte, sozusagen.«
Andi applaudiert, zum Zeichen, dass die Idee auch ihm
gefällt.
»Zuerst wollten wir die Gänseblümchen im Stadtpark
pflücken«, erzählt Tina. »Aber es waren so viele Hunde
dort.«
Fabian ruft Opa Mario, damit der ihm hilft, die Torte an-
zuschneiden.

»Ist die schön!«, ruft Opa Mario. Dann zieht er die Augenbrauen hoch. Seine Nasenflügel beben. Schnuppert Opa Mario etwas Überraschendes? Vorsichtig schneidet er die Torte an und hebt die erste Schnitte hoch. »Das ist ja eine Brottorte!«

Tina nickt. »Ja, und die Füllung ist nicht süß, sondern sauer.«

»Also, nicht wirklich sauer, sondern pikant!«, erklärt Martin. »Wie Brotaufstrich eben. Aus Schinken, Käse, Thunfisch –«

»Und Eiaufstrich!«, ruft Gabriel. »Der ist beinah der Beste! Den hat der Kenan gemacht.«

»Der Überzug ist aus Gervais und Kren«, sagt Till. »Scharf, aber nicht zu sehr.«

»Das war also ein Gemeinschaftswerk«, sagt Opa Mario schmunzelnd.

»Erklärt nicht alles so lang«, jammert Gina. »Mir läuft schon das Wasser im Mund zusammen. Eiaufstrich! Mmm!«

Andi applaudiert noch einmal.

Opa Mario geht ins Extrazimmer zurück. Dort dreht sich das Gespräch um die bevorstehende Erstkommunion. Ob man bei der Messe fotografieren darf oder nicht. Und wer von den Erwachsenen bei den Fürbitten mittut. Ob das nett wäre: ein Vater, eine Mutter, eine Oma, ein Opa, ein Pate, ein Geschwisterchen spricht je eine Fürbitte?

»Mir fällt das Formulieren immer so schwer«, klagt Tills Mutter. »Gefühlsmäßig ist mir klar, was ich sagen will, aber sobald es ums Aufschreiben geht…«

Christas Opa zieht einen Notizblock hervor. »Ich bin von

dieser Erstkommunion zwar nicht persönlich betroffen, aber wenn ich vielleicht beim Formulieren helfen darf –«
»Wunderbar«, sagt Ginas Oma. »Sammeln wir gleich einige Vorschläge!«
Opa Mario schenkt Wein nach und holt die nächsten Brötchen aus dem Ofen.
Fabians Mama hilft beim Servieren. Sie zupft Opa Mario am Ärmel und fragt ganz leise: »Wie steht's da drüben bei den Kindern? Du weißt ja, meine Sorge wegen Gabriel. Wenn sie sich nur nicht prügeln!«
»Sie sind friedlich, bis jetzt«, flüstert Opa Mario. »Falls es doch noch zu Meinungsverschiedenheiten kommt, ist das kein allzu großes Unglück mehr. Verlass dich auf das Gefühl eines alten Kochs! Wer gemeinsam Gänseblümchentorte macht, kann ruhig auch einmal gemeinsam streiten.«

Das Dilemma

»Wie ich mich auf die Osterferien freue!«, sagt der Papa beim Frühstück. »Das feuchte Wetter hier, und der Stress im Büro... Gestern hat mir der Chef ein paar Urlaubstage bewilligt, nach langem Hin und Her. ›Was haben Sie von Mitarbeitern, die völlig ausgelaugt sind?‹, hab ich ihn gefragt. ›Nach drei, vier Tagen im sonnigen Süden sprühe ich wieder vor Ideen.‹ – ›Na dann, in Gottes Namen, fahren Sie‹, hat er gebrummt. ›Aber nachher wird gesprüht, verstanden?‹«

»Willst du wirklich fortfahren?«, fragt die Mama.

»Will mit!«, quietscht Anna.

Der Papa lacht. »Keine Angst, Anna, ohne euch fährt der Papa nicht! – Na, ich hab mir gedacht, so wie letztes Mal. Südtirol. Dort blüht dann schon alles, während bei uns noch die letzten Eiszapfen tropfen! Du warst von dem Bauernhof bei Tramin so begeistert, ich habe dort angerufen, er hat noch ein Zimmer für uns.«

»Wäre ja toll«, murmelt die Mama. »Aber du hast die Erstkommunion vergessen!«

»Habe ich nicht! Bis zur Erstkommunion sind wir längst zu Hause! Am Ostersonntag zuckeln wir gemütlich zurück, übernachten bei der Marion in München und sind am Ostermontag wieder da! So wird's auch für die Anna keine allzulange Fahrt.«

Fabian schaut vom Papa zur Mama und von der Mama zum Papa. »Aber wir Kurskinder sind für die Sonntage eingeteilt. Bei den Fürbitten. Und wir tragen Brot und Wein zum Altar. Am Palmsonntag dürfen wir die Palmkätzchen austeilen, an Leute, die keine mitgebracht haben, und am Ostersonntag teilen wir nach der Messe an den Kirchentüren Ostereier aus und wünschen ›Frohe Ostern‹!«

»Ich rufe die Gerti an und entschuldige dich!«, sagt der Papa. »Ostereier austeilen schaffen sie auch ohne dich, und bei den Fürbitten lass dich von der Tina vertreten!«

Fabian schluckt. Ist das nicht gegen die Gemeinschaft, wenn er wegfährt und sich vertreten lässt?

»Ich würde mit Begeisterung wegfahren«, sagt die Mama. »Der Winter war so lang, und ich bin richtig sonnen-hungrig, und den Kindern täte es bestimmt sehr gut nach der Grippe. Aber ich weiß nicht – in der Pfarre legen sie Wert darauf, dass die Kurskinder die Osterzeit gemeinsam erleben. Ich will nicht, dass wir diejenigen sind, die aus der Reihe tanzen!«

»Wert darauf, Wert darauf«, ärgert sich der Papa. »Ich lege Wert darauf, dass wir uns erholen! Sie können uns doch nicht vorschreiben, wann wir Urlaub haben und wann nicht! Das geht zu weit!«

»Und wenn du allein fährst?«, schlägt die Mama nach einer Weile vor.

»Will mit!«, plärrt Anna.

»Pst, Anna, jetzt reden deine Eltern!«, sagt die Mama un-gewohnt energisch. »Also, ich hab mir gedacht, wenn du allein nach Südtirol fährst und ein bisschen wanderst und so, das würde dir gut tun. Ich bleibe mit den Kindern hier, und Fabian kann seine Verpflichtungen wahrnehmen. Es sind schließlich Verpflichtungen, nicht wahr? Du hältst deine Pflichttermine auch immer eisern ein, oder?«

»Aber du kannst doch dieses Ostereier-Austeilen nicht mit meinen Verpflichtungen vergleichen!«, ruft der Papa ziemlich laut. »Außerdem brauchst du auch Urlaub! Schau doch einmal kritisch in den Spiegel!«

»Mama mit!«, brüllt Anna. »Anna mit! Fabian mit! Alle mit!«

»Ja, das ist nun wirklich ein Dilemma!«, seufzt die Mama.

»Was ist das, ein Dilemma?«, fragt Fabian. »Ein Familienkrach?«

»Nein«, sagt der Papa eilig. »Ein Dilemma ist, wenn man sich zwischen zwei Möglichkeiten entscheiden muss, für die auf beiden Seiten gleich gute Gründe vorliegen.«

»Ein Dilemma ist ein Zwiespalt«, erklärt die Mama. »Am liebsten würde ich mich in zwei Teile spalten. Der eine fährt mit, der andere bleibt mit Fabian hier.«

»Warum fragt mich keiner, was ich will?«, fragt Fabian. »Ich möchte nämlich bei der Oma und beim Opa Mario bleiben. Die würden mich nehmen. Und ihr könnt fahren.«

»Und du wärest nicht traurig, dass wir ohne dich Urlaub machen?«, fragt der Papa.

»Das weiß ich noch nicht«, antwortet Fabian.

Die Mama streckt die Hand aus und streichelt Fabians Nacken. »Vielleicht wollen Oma und Opa selber wegfahren. Na, wir können sie ja fragen. Und dann immer noch überlegen …«

Nein, Opa Mario lässt seine Pizzeria in der Osterzeit nicht im Stich. Und die Oma besucht in der Karwoche einen Computerkurs in der Stadt, um das Neueste auf diesem Gebiet zu lernen. Sie braucht das für die behinderten Kinder in ihrer Klasse. Fabian übersiedelt mit seinen Stofftieren in den vierten Stock. Er und Opa Mario winken

Mama, Papa und Anna zum Abschied – Anna weint, weil Fabian nicht mit ins Auto steigt –, dann gehen sie in die Pizzeria. Während Opa Mario für seine Gäste kocht, legt Fabian mit Ahmed ein spezialschwieriges Puzzle. Am Nachmittag geht Opa Mario mit den beiden Jungen in den Zirkus. Die Ferienwoche zu Hause fängt nicht schlecht an!

Am Palmsonntag muss Fabian Jakob bei den Fürbitten vertreten. Jakob ist mit seinen Eltern auf ein paar Tage in den Süden geflogen. Tina vertritt Martin. Der verbringt mit seinen Eltern einen Schiurlaub in Kärnten.

Till vertritt Gina. Die begleitet ihre Eltern zu einem Verwandtentreffen.

»Was soll ich denn für den Jakob sagen?«, erkundigt sich Fabian bei Gerti. »Hat er seine Fürbitte dagelassen?«

»Keine Ahnung«, sagt Gerti. Sie ist sehr enttäuscht, weil sogar ihr Patenkind Gina fehlt. »Es ist jedes Jahr dasselbe! Zu Ostern packen die Eltern ihre Kinder und sausen ab in einem Hui, manche entschuldigen sich nicht einmal. Also, nicht alle Eltern, denn ihr seid ja da... Fabian, sag eben irgendetwas, das dir auf dem Herzen liegt.«

»Nimm auch gleich die Fürbitte von der Gina dazu«, bittet Till. »Mir fällt nämlich so schnell nichts Gescheites ein.«

So kommt es, dass Fabian gleich drei Fürbitten sprechen muss. Erst seine eigene, die er vorbereitet hat. Dann die zwei anderen. Er tritt ans Mikrofon, räuspert sich und sagt:

»Jesus, die Kinder im Tempel haben dir zugejubelt. Hilf uns, dass auch wir Freude mit dir haben und du mit uns! Jesus, bei uns in der Kirche... sind viele Leute, die sich... furchtbar ärgern, wenn... ein kleines Kind quietscht. Hilf den Leuten – nein, hilf lieber den Kindern, dass sie sich nicht fürchten vor diesen Leuten!

Jesus, viele Menschen haben ein Dilemma,... weil sie sich nicht in zwei Teile spalten können. Hilf ihnen, dass sie... dass sie trotzdem Spaß haben bei dem Teil, den sie sich ausgesucht haben!«

Bei den Antworten – »Wir bitten dich, erhöre uns!« – kommt es Fabian vor, als bete der Pfarrer diesmal besonders laut mit. Ja, mindestens doppelt so laut wie sonst!

Die Geschichte vom letzten Abendmahl,

wie Gerti sie im Kurs erzählt

Nach dem ersten Frühlingsvollmond feiern die Juden das Paschafest. Das schreibt man so: P-A-S-C-H-A, und man spricht es Pas-cha aus... Pascha ist ein Erinnerungsfest. Die Juden feiern die Rettung ihres Volkes aus Ägypten. Sie denken daran, wie der treue Gott sie aus der Herrschaft des ägyptischen Pharao befreit hat. Damals, vor der eiligen, heimlichen Flucht, war keine Zeit, nach altem Brauch Brot mit Sauerteig aufgehen zu lassen und zu backen. Sie aßen nur schnell ein paar flache, dünne Brotfladen, die ohne Sauerteig zubereitet waren. Zur Erinnerung an den raschen Aufbruch essen die Juden zu Pascha auch heute noch ihr Mazzenbrot.

Jesus freute sich darauf, mit seinen Freunden das Paschamahl zu essen. Er wusste, dass es sein letztes Abendmahl in dieser Welt sein werde. Denn die Hohenpriester warteten nur auf eine günstige Gelegenheit, ihn zu verhaften und vor Gericht zu stellen. Jesus wusste, dass ihm der Tod drohte. Er hätte weglaufen und sich verstecken können, aber er wollte seinen Auftrag treu zu Ende führen: den Menschen ein Abbild von Gottes Güte zu sein und sie mit Gott zu versöhnen.

Judas, einer der zwölf Apostel, hatte den Hohenpriestern versprochen, er werde ihnen den Ort verraten, an dem sie Jesus gefangen nehmen konnten. Jesus ahnte den Verrat. Darum sagte er seinen Freunden nicht, in welchem Jerusalemer Haus ein Zimmer für das Abendmahl hergerichtet war. Er wollte ungestört feiern, also führte er die Apostel erst im letzten Moment hin.

Wie bei jedem Paschaessen gab es grüne Bitterkräuter in Fruchtsoße, Mazzenbrot und gebratenes Lamm. Dazu tranken sie Wein. Sie beteten und sangen in der Erinnerung an Gottes Rettungstat.

Eines aber war anders bei diesem Abendmahl, Jesus tat etwas Unerwartetes: Er nahm ein Brot, sprach den Lobpreis und brach das Brot in Stücke. Er gab die Stücke den Freunden und sagte: »Nehmt und esst! Das ist mein Leib.« Dann nahm er einen Becher mit Wein, sprach das Dankgebet und gab den Becher den Aposteln. »Das ist mein Blut des Bundes, das für die vielen vergossen wird.«

Alle Apostel tranken aus dem Becher. Sie verstanden, was Jesus gesagt hatte: Das Brot, das bin ich selbst. Der Wein, das ist mein Leben, das ich hingebe für euch und das ganze Volk und für alle Menschen. Keiner soll vom Segensbund ausgeschlossen sein. Ihr habt eine heilige Gemeinschaft mit mir und mit Gott.

Nach diesem Mahl sangen sie noch das letzte Lied und gingen aus der Stadt, zum Ölberg hinaus, wo sie übernachten wollten.

Judas ging nicht mit ihnen. Er verschwand in einer dunklen Seitengasse und lief zu den Hohenpriestern.

Die Geschichte von Simon, der den Kreuzesbalken trug,

wie Opa Mario sie erzählt

Simon, der Vater von Alexander und Rufus, hatte nach altem Brauch mit seiner Familie Pascha gefeiert. Sie waren alle lang aufgeblieben und erst nach Mitternacht schlafen gegangen.

Als Simon am nächsten Morgen erwachte, hatte er Lust, auf sein Feld hinauszugehen. Es lag draußen vor der Stadt. Simon hatte Gemüse angepflanzt. Ob es wohl gut gedieh an diesen schönen Frühlingstagen? Vielleicht konnte er eine Handvoll Kräuter nach Hause bringen, der Weg war nicht allzu weit.

Simons Frau und die beiden Jungen schliefen noch, als Simon sein Haus verließ. Die Gassen waren wie ausgestorben nach den Feiern dieser Nacht. Simon genoss die Ruhe und die frische Luft.

Er freute sich, als er auf seinem Feld die ersten grünen Spitzen aus der Erde sprießen sah. Und so war er ganz zufrieden, als er sich mit einem Büschel frischer Kräuter auf den Heimweg machte.

Vom Stadttor herunter kam ihm eine Gruppe Menschen entgegen. Er sah die Helme und Lanzen römischer Soldaten in der Sonne blitzen. Und dann erkannte er, dass da ein Hinrichtungskommando mit drei Verurteilten unterwegs war. Die Verurteilten gingen langsam, mit gefesselten Händen, und jeder musste über der Schulter einen Balken tragen: das Querholz des Kreuzes, an dem sie sterben sollten.

Simon wich dem Zug aus, indem er ein paar Schritte vom Weg in ein Feld hineinstieg. Er sah, wie einer der Verurteilten wankte und stürzte. Die Soldaten rissen ihn hoch. »Hauptmann, er kann nicht mehr!«, rief einer.

Der Hauptmann hielt sein Pferd an und musterte die Leute, die dem Trupp folgten. Es waren ein paar ältere Männer im Gewand der Tempelpriester darunter und einige Frauen, aber kein junger, kräftiger Mann. Dann fiel sein Blick auf Simon. »Du da«, rief er, »komm her! Du wirst deinem Landsmann den Kreuzbalken tragen!«

Simon musste gehorchen, ob er wollte oder nicht. Die Römer waren die Herren des Landes, die Besatzungsmacht. Sie konnten jederzeit Zwangsarbeit verlangen, die Dienste der Einheimischen erzwingen.

Simon warf seine Kräuter weg und schulterte den Balken. Dabei sah er für einen kurzen Augenblick das Gesicht des Verurteilten. Es war von Schlägen und Fausthieben verunstaltet. Von einem Dornenkranz, der dem Verurteilten um den Kopf gewunden war, floss das Blut in dünnen Rinnsalen über Stirn, Augen und Wangen. Der Verurteilte blinzelte mühsam, dann öffnete er seinen Mund. »Danke!«, sagte er zu Simon.

Den haben sie übel zugerichtet, dachte Simon. Römer, elende! Genügt es nicht, dass er sterben muss? Sie haben ihn noch dazu gefoltert!

Er trug den Balken hinter dem Gefolterten her, beobachtete, wie die Soldaten ihn vorwärts trieben, den Hügel hinauf, der Golgota hieß. Golgota bedeutet »Schädel«, der Hügel hatte eine gewisse Ähnlichkeit mit einem Menschenschädel. Es war die Hinrichtungsstätte. Baumstämme waren in die Erde gerammt, sie hatten am oberen

Ende Kerben, in denen man die Querbalken befestigen konnte. Welches Verbrechen hatte der Mann mit dem Dornenkranz begangen? Wer war auf den schrecklichen Gedanken gekommen, ihm den Dornenkranz aufzusetzen? Simon schwitzte. Weil der Balken schwer war und weil er zornig war. Wie kam er überhaupt dazu, einem fremden Verbrecher den Kreuzbalken nachzutragen?

Hinter sich hörte er die beiden anderen Verbrecher klagen und fluchen. Sie trugen ihre Balken ohne Hilfe, sie waren starke Burschen, und sie waren vorher nicht geschlagen worden.

Danke – danke, hatte der Mann mit dem Dornenkranz gesagt. Ein Verbrecher, der sich bedankt!

Sie waren auf Golgota angekommen. Simon ließ den Balken von seinen Schultern gleiten. Er wollte so schnell wie möglich fort von diesem grauenhaften Ort. Aber im Weggehen sah er doch, wie die Soldaten dem Gefolterten die Kleider vom Leib rissen, wie sie ihn niederwarfen und ihm die Arme auf den Balken pressten. Einer kam mit Hammer und Nägeln.

Simon hörte, was der Verurteilte rief: »Herr, vergib ihnen! Sie wissen nicht, was sie tun!«

Simon fuhr herum. Ein Verbrecher, der für die Henkersknechte betete?

Nun hatten sie das grausige Werk getan. Der Balken, an dem der Gekreuzigte hing, war am Pfahl hochgezogen worden. Über dem Kopf des Hängenden nagelten die Soldaten ein Täfelchen ans Holz. Darauf war der Grund der Verurteilung geschrieben: Jesus von Nazaret, König der Juden.

Simon erstarrte. War das nicht der Mann im Tempel, von

dem Alexander und Rufus erzählt hatten? Wie von weit her hörte Simon die Hammerschläge, mit denen die Soldaten die Füße des Verurteilten am Pfahl festnagelten. Er rannte den Weg zur Stadt zurück. Was sollte er seinen Söhnen sagen, wenn sie vom Tod dieses Mannes hörten? Sollte er sagen: Vergesst ihn, er war ein Aufrührer, ein Rebell, Gott hat ihm nicht geholfen?
Aber hatte dieser Jesus von Nazaret nicht Freunde, nicht Schüler, nicht Anhänger? Wo waren die geblieben? Hatten ihn alle im Stich gelassen, sodass ihm ein wildfremder Mensch – nämlich er, Simon aus Zyrene – den Kreuzesbalken nachtragen musste? Waren aus seiner Schar, die ihm gefolgt waren, nur ein paar Frauen geblieben?

Die beiden Jungen schliefen noch immer, als Simon nach Hause kam. Er sagte seiner Frau, was geschehen war. »Lass die Kinder nicht aus dem Haus«, bat er, »bis ich Näheres über diesen Jesus weiß.«
Sie war einverstanden. Auch sie wollte den Kindern Kummer ersparen.

Nach ein paar Tagen aber kam sie aufgeregt zu Simon. »Hör zu«, sagte sie, »da werden seltsame Dinge erzählt. Hanna hat es von Berenike gehört, die eine Anhängerin von Jesus war, und Berenike weiß es von einer Maria von Magdala … Jesus lebt! Er ist aus dem Tod erstanden!«
»Unsinn«, sagte Simon. »Tratsch von verrückten Weibern, die vor Trauer um ihren Freund den Verstand verloren haben!«
»Er – Jesus – ist aus dem Tod geweckt worden«, sagte Simons Frau. »Er ist der Maria von Magdala erschienen,

dann den Freunden. Sie sagen, er war Gottes Sohn, der Messias, und wer an ihn glaubt, hat das Leben für alle Zeit...«

»Ich wollte, es wäre so«, sagte Simon grimmig. »Er ist mir nicht wie ein Verbrecher vorgekommen, wie er für die römischen Soldaten gebetet hat... Aber – Gottes Sohn? Willst du sagen, ich habe dem Messias den Kreuzesbalken getragen?«

»Wir müssen sehr behutsam sein, wenn wir es den Jungen erzählen«, sagte Simons Frau. »Aber ich bin dafür, dass sie es erfahren. Und auch das, was du für ihn getan hast. Sie sollen sich Gedanken darüber machen. Vergiss nicht, Jesus hat ihnen gesagt, dass auch Kinder zum Reich Gottes gehören. Das hat sie sehr beeindruckt.«

»Und du«, sagte Simon, »du vergiss nicht, dass Jesus gekreuzigt worden ist. Seinen Freunden wird es nicht anders ergehen. Wir müssen die Kinder vor solch einem Schicksal beschützen.«

Sie nickte erschrocken.

Viele Jahre später wurden Alexander und Rufus von einem jungen Mann namens Markus ins Haus von dessen Mutter eingeladen. »Kommt und hört«, sagte Markus. »Bei uns versammeln sich die Leute, die an Jesus glauben. Sie brechen das Brot miteinander und erzählen von ihm. Sie sagen, dass euer Vater Jesus einen großen Dienst erwiesen hat.«

»Wir kommen«, sagten Alexander und Rufus. »Vielleicht bringen wir auch unseren alten Vater mit. Er hat sich bis heute nicht beruhigen können über das, was damals geschehen ist.«

Trost für Jakob

Zweierreihe! Teilen! Nach links gehen! Nach rechts gehen!

Sie üben in der Kirche für die Erstkommunionmesse, alle Kinder aller Kurse. Heute fehlt keines.

Der Pfarrer lässt sie die Hostien kosten, die kleinen runden Brotscheiben, über die er bei der Messe die Wandlungsworte sprechen wird.

Jakob kaut und kaut. Er runzelt die Stirn. »Wird das morgen anders schmecken?«

»Nein. Im Geschmack wirst du keinen Unterschied merken«, sagt der Pfarrer. »Aber weil du Jesus und seinen Worten glaubst, wirst du sicher sein, dass Jesus im Brot zu dir kommt.«

»Nicht einmal anders wird es schmecken«, brummt Jakob. Er stößt Fabian den Ellbogen in die Seite und flüstert: »Wie mir das alles auf die Nerven geht! Das heilige Brot – schmecken tut's stinknormal. Jesus lebt, aber du siehst ihn nicht. Gott weiß sogar, was du im Stillen denkst, aber von ihm selber hörst du keinen Mucks. Er hat dem Menschen die Stimme des Gewissens ins Herz gesenkt, damit es dem Menschen hilft, das Richtige zu tun. Aber mein Gewissen sagt mir immer nur: ›Kränk die Oma nicht, kränk die Mama nicht, kränk den Papa nicht.‹ Es sagt mir nicht, *wie* ich das schaffen soll, verstehst du? Die Oma glaubt an Gott, die Eltern glauben nicht an ihn, wer hat Recht? Ich kenn mich überhaupt nicht aus. Am liebsten wär ich morgen krank!«

»Hast du das dem Pfarrer bei der Beichte gesagt?«

»Nein! Wieso denn? Dem hab ich nur gesagt, dass ich

manchmal mein Jausenbrot in den Mülleimer werfe, dass ich die Oma angelogen habe, damit sie mir endlich Ruh gibt – sie will nämlich immer wissen, ob ich gern in den Kurs gehe – und dass ich dauernd das Abend- und Morgengebet vergesse. Und dass es mir leid tut. Das reicht doch, was? Wozu soll ich ihm noch von zu Hause vorquatschen? Ich kenne ihn doch kaum.«

»Vielleicht hätte er einen Trost für dich gewusst«, sagt Fabian. »Vielleicht hätte er dir von dem Mann in der Bibel erzählt, der im Dunkeln mit Gott gekämpft hat. Der hat auch nicht gewusst, wie Gott aussieht. Aber er hat gerauft mit ihm. Wie ein Ringkämpfer.«

»Was? So eine Geschichte gibt's?«

»Mein Opa hat sie mir erzählt«, sagt Fabian. »Es ist eine Geschichte aus dem ersten Teil der Bibel, aus dem alten Teil, den Jesus als Schulkind lesen musste. Der Mann, der sich mit Gott herumgeschlagen hat, heißt Jakob, wie du!« Jakob staunt, will etwas antworten – aber schon müssen sie, wieder in Zweierreihen, den Auszug üben.

Vor dem Kirchentor packt Jakob Fabian am Ärmel. »Halt! Renn nicht gleich weg! Erzähl noch schnell von diesem Ringkampf.«

Fabian begleitet Jakob ein Stück und erzählt, was er sich von der Geschichte gemerkt hat:

»Es war in der Nacht an einem Fluss. Jakob war mit seinem Zwillingsbruder verabredet. Den hatte er vor vielen Jahren gemein betrogen. Er hatte ihm nämlich den besonderen Segen des Vaters gestohlen. Deshalb musste er fliehen. Nun aber wollte er sich mit ihm versöhnen. Es war in der Nacht vor diesem Treffen. Jakob war ganz allein am Fluss. Und da, in der Finsternis, kommt einer auf ihn zu und packt ihn. Jakob will sich nicht packen lassen. Er will den anderen niederwerfen. Aber sie sind beide stark. Sie ringen die ganze Nacht, im Osten wird der Himmel schon rot. ›Der Morgen dämmert. Jetzt lass mich‹, sagt der Unbekannte, von dem Jakob noch immer nicht das Gesicht gesehen hat. ›Wir haben lange genug gekämpft.‹ – ›Nein‹, sagt Jakob, ›ich lasse dich erst los, wenn du mich segnest.‹ Denn der erste Segen, der von seinem Vater, war ja ergaunert, verstehst du … Gut. Also der andere segnet ihn, aber seinen Namen will er dem Jakob nicht sagen. Die Sonne geht auf, es wird hell, der andere ist verschwunden. Jakob hinkt, denn der andere hat ihm im Kampf ordentlich auf die Hüfte geschlagen. Aber Jakob ist deshalb nicht traurig. Er ist froh, dass er noch lebt. Er denkt: Es war Gott, mit dem ich gekämpft habe. Ich habe ihn erlebt, als hätte ich ihn gesehen. – An diesem Tag versöhnte sich Jakob mit seinem Bruder. Später hörte und sah er Gott viele Male, und zuletzt konnte Jakob seinen Kindern sagen: Mein ganzes Leben lang hat Gott mich behütet wie ein guter Hirte.«

»Was du für ein Glück hast«, flüstert Jakob.

»Glück – wieso?«

»Weil du den Opa Mario hast und er dir diese Geschichten erzählt.«

»Ja, schon… Aber nun hab ich sie dir weitererzählt.«

»Ja. Hast du. Danke. Tschüss, bis morgen.«

Ein Vorhaben

Kein Kurskind ist krank geworden, das Wetter ist sonnig, der Einzug klappt beinahe wunderbar, Anna quietscht während der Messe nur zweimal, und die alten Frauen sagen lächelnd: »Aha, sie will mitreden!«

Fabian atmet tief durch. Es ist schön, das Fest der Erstkommunion, und durch nichts gestört. Die Kerze, die erst flackert und dann erlischt, wird schnell wieder angezündet. Dass Onkel Peter nicht gekommen ist, stimmt Fabian zwar nachdenklich, aber er hat mit Jesus im Stillen ausgemacht, dass sie es beide noch einmal versuchen werden: Fabian mit einem zweiten, längeren Brief, und Jesus auf seine Weise.

Dafür ist Gabriel zur Messe gekommen.

Er sitzt hinten in der letzten Bank, auf der Innenseite, sodass er die Erstkommunionkinder beim Einziehen gut beobachten konnte. Und das ist der Grund, warum der Einzug nur beinahe wunderbar war. Till hat nämlich die schöne Zweierreihe durcheinandergebracht. Er ist nicht mit Gina weitermarschiert, sondern hat Gabriel angesprochen: »Ich bin baff! Was treibst denn du da?«

»Zuschauen«, hat Gabriel gesagt. »Bin doch schließlich euer Klassenkamerad!«

Fabian hat sich vorgenommen, nach der Kommunion, während die Orgel spielt, viel mit Jesus zu reden, über die Eltern und Anna, über Oma und Opa Mario, aber nun fällt ihm nichts ein als nur immer wieder: Danke, du. Danke für alles.

Danke auch dafür, dass der Pfarrer bei seiner Predigt ein besonderes Vorhaben angekündigt hat. »Mir ist zu Ohren

gekommen«, hat der Pfarrer gesagt, »dass unsere jüngsten Gemeindemitglieder mit unserem Kirchenraum nicht zufrieden sind. Weil es hier nämlich nirgends ein Bild von Jesus und den Kindern gibt. Das habe ich einem Freund erzählt, einem Bildhauer. ›Aha‹, hat mein Freund gesagt, ›und jetzt erwartest du was von mir! So etwas erzählst du mir ja nicht ohne Hintergedanken. Na gut, ich könnte ja vielleicht einmal mit euren Kindern reden, ob sie mit mir zusammen eine Gruppe aus Ton modellieren wollen.‹ –

Also, was meint ihr, meine Lieben, wäre das eine Idee?
Wer möchte da mittun?«
»Ich!« – »Ich!« – »Ich!« – »Ich!«
Fabian hat am lautesten geschrien. Aber er hat doch Acht
gegeben, wer da noch schreit: die Tina natürlich, der Till,
der Martin… Und auch der Jakob. Der hat fast so laut
geschrien wie Fabian.
Danke, du.

Lene Mayer-Skumanz

FABIAN WARTET AUF WEIHNACHTEN

Geschichten und Gedichte
für die Vorweihnachtszeit

Patmos

Geschenktipp zu Weihnachten

Fabian ist erst fünf, aber schon ein richtig munterer und aufmerksamer Junge. Und wie alle kleinen Jungen mag er nichts weniger als Warten! »Lang warten ist scheußlich«, meint er. Warten auf St. Martin, auf den Nikolaus, auf den Heiligen Abend. Doch dann kommt es, zu seiner eigenen Überraschung, doch ganz anders...
Geschichten und Gedichte von Fabian und seiner Umwelt, von Verständnis, Selbständigkeit und Unabhängigkeit, vom Helfen und Beschenktwerden.

2. Auflage 1996. Ab 5. 144 Seiten.
Illustriert von Heribert Schulmeyer
ISBN 3-491-79466-8

Auswahlliste Katholischer Kinder- und
Jugendliteraturpreis

Lene Mayer-Skumanz

FABIAN FREUT SICH AUF WEIHNACHTEN

Neue Geschichten und Gedichte

Patmos

Geschenktipp zu Weihnachten

Fabian, seit drei Monaten in der Schule, hat alle Hände
voll zu tun: neue Beziehungen knüpfen, alte Beziehungen pflegen, Gott und die Welt erforschen. Seine Oma
und Opa Mario helfen ihm dabei.
Als Fabian schließlich beim Sternsingen mitmacht, ist er
wieder ein bisschen gescheiter und fröhlicher geworden.
Denn wer Phantasie hat und dem Guten in der Welt
nachspürt, lässt sich nicht unterkriegen.

Ab 5. 144 Seiten.
Illustriert von Heribert Schulmeyer
ISBN 3-491-79478-1

Geschenktipp zur Erstkommunion

Renate Günzel-Horatz

Vergiß die weißen Träume!
Erzählung zur Erstkommunion

Patmos

Auswahlliste Katholischer Kinder- und Jugendliteraturpreis

Lisa hat es nicht leicht. Die Bilder von Gott als gutem Vater taugen nicht
für sie. Lisas Vater hat die Familie verlassen und ist in eine Sackgasse
geraten. Die Mutter ist verbittert. Das Geld reicht nur noch für das Nötigste,
nicht für Träume, schon gar nicht für weiße. Lisa sucht ihren Weg. Als sie
endlich in der Mitte des Labyrinths ankommt, ist sie nicht mehr allein.
2. Auflage 1997. Ab 8. 176 Seiten. ISBN 3-491-79468-4